BIBLIOTHÈQUE

DE L'ÉCOLE

DES HAUTES ÉTUDES

PUBLIÉE SOUS LES AUSPICES

DU MINISTÈRE DE L'INSTRUCTION PUBLIQUE

SCIENCES HISTORIQUES ET PHILOLOGIQUES

CENT SOIXANTIÈME FASCICULE

LA TRANSLATION DES SAINTS MARCELLIN ET PIERRE

ÉTUDE SUR EINHARD ET SA VIE POLITIQUE DE 827 A 834

PAR MARGUERITE BONDOIS

PARIS
LIBRAIRIE HONORÉ CHAMPION, ÉDITEUR
5, QUAI MALAQUAIS

1907

Tous droits réservés

LA TRANSLATION
DES SAINTS MARCELLIN ET PIERRE

ÉTUDE SUR EINHARD ET SA VIE POLITIQUE
DE 827 A 834

LA TRANSLATION

DES

SAINTS MARCELLIN ET PIERRE

ÉTUDE SUR EINHARD ET SA VIE POLITIQUE

DE 827 A 834

PAR

Marguerite BONDOIS

AGRÉGÉE D'HISTOIRE
ÉLÈVE DIPLÔMÉE DE L'ÉCOLE PRATIQUE DES HAUTES ÉTUDES

PARIS

LIBRAIRIE HONORÉ CHAMPION, ÉDITEUR

5, QUAI MALAQUAIS

1907

Tous droits réservés

Sur l'avis de M. G. Monod, directeur des conférences d'Histoire et de MM. Bémont et Lot, commissaires responsables, le présent mémoire a valu à Mlle Marguerite Bondois le titre d'*Elève diplômée de la Section d'histoire et de philologie de l'Ecole pratique des Hautes Etudes.*

Paris, le 4 novembre 1906.

Le Directeur de la conférence,
Signé : G. MONOD.

Les commissaires responsables,
Signé : CH. BÉMONT, F. LOT.

Le Président de la Section,
Signé : G. MONOD.

AVANT-PROPOS

Cette étude sur un ouvrage d'Einhard qui n'avait pas encore été l'objet de recherches spéciales, est, en même temps, un essai de psychologie historique. La translation des martyrs romains à Seligenstadt fut un évènement capital dans la vie de l'historien de Charlemagne, et cet épisode, emprunté aux mœurs religieuses du ixe siècle, éclaire curieusement, non seulement la foi des contemporains d'Einhard, mais celle d'Einhard lui-même, sa conception des miracles et du culte des saints, la nature de son jugement, et, indirectement, les mobiles de sa conduite lors des troubles politiques auxquels il se trouva mêlé. — Je tiens à remercier M. Gabriel Monod, qui m'a indiqué le sujet de ce travail, et M. Ferdinand Lot, qui m'a aidée de ses critiques et qui a bien voulu se charger de remanier la bibliographie et de revoir les épreuves.

Marguerite Bondois.

BIBLIOGRAPHIE

A. SOURCES NARRATIVES

Adon, *Martyrologium*, dans Migne, *Patrol. lat.*, CXXIII, 143.
Agobard, *Epistolae*, éd. Dümmler, dans les *Mon. Germ.*, *Epistolae Carolini aevi*, III, 150-239.
Amolon, *Epistolae*, éd. Dümmler, dans les *Mon. Germ.*, *Epistolae Carolini aevi*, III, 361-378.
Annales Bertiniani, éd. Waitz, Hanovre, 1883, in-8 (*Script. rerum germanic. in usum scholarum*).
Annales Blandinienses, éd. Bethmann, dans les *Mon. Germ., Script.*, V, 20-34.
Annales Formosolenses, éd. Bethmann, dans les *Mon. Germ., Script.*, V, 34-36.
Annales Fuldenses, éd. Kurze, Hanovre, 1891, in-8 (*Script. rerum germanic. in usum scholarum*).
Annales Hildesheimenses, éd. Waitz, Hanovre, 1878, in-8 (*Script. rerum germanic. in usum scholarum*).
Annales Laubienses et Leodienses, éd. Pertz, dans les *Mon. Germ., Script.*, IV, 8-35.
Annales regni Francorum, dites aussi *Annales Laurissenses majores*, éd. Kurze, Hanovre, 1895, in-8 (*Script. rerum germanic. in usum scholarum*).
Annales S. Bavonis Gandenses, éd. Pertz, dans les *Mon. Germ., Script.*, II, 185-191.
Annales S. Medardi Suessionenses, éd. Waitz, dans les *Mon. Germ., Script.*, XXVI, 518-522.
Annales Xantenses, éd. Pertz, dans les *Mon. Germ., Script.*, II, 219-235.
Astronome (l'), *Vita Hludowici*, éd. Pertz, dans les *Mon. Germ., Script.*, II, 607-648.
Bède, *Martyrologium*, dans Migne, *Patrol. lat.*, CXXXVIII, 1298.
Catalogus abbatum Fuldensium, éd. Waitz, dans les *Mon. Germ., Script.*, XIII, 272-274.
Chronicon S. Bavonis in Gandavo, éd. Heller, dans les *Mon. Germ., Script.*, XXV, 557-584.
Chronicon Laureshamense, éd. K. Pertz, dans les *Mon. Germ., Script.*, XXI, 341-453.
Damasius, *Epigrammata*, éd. Ihm, Leipzig, 1895, in-16 (*Anthologiae latinae supplementum*).

EINHARD OU ÉGINHARD, *Œuvres complètes*, éd. Teulet, Paris, 1840, 2 vol. in-8 (Société de l'histoire de France). — Édition française, revue et corrigée, Paris, 1856, 1 vol. in-8.
— *Epistolae*, éd. Hampe, dans les *Mon. Germ.*, *Epistolae Carolini aevi*, III, 105-145.
— *Translatio SS. martyrum Christi Marcellini et Petri*, éd. Waitz, dans les *Mon. Germ.*, *Script.*, XV, 1, 238-264.

ERMOLDUS NIGELLUS, *In honorem Hludovici libri IV*, éd. Dümmler, dans les *Mon. Germ.*, *Poetae latini aevi Carolini*, II, 5-91.

FLODOARD, *Historia Remensis ecclesiae*, éd. Heller et Waitz, dans les *Mon. Germ.*, *Script.*, XIII, 409-599.

FLORUS. *Martyrologium*, dans Bolland., *Acta Sanct.*, mars, t. II, VIII-XLII.

Gesta abbatum Fontanellensium, éd. Loewenfeld, Hanovre, 1886, in-8 (*Script. rer. germanic. in usum scholarum*).

Gesta Aldrici, éd. Charles et Froger, Mamers, 1889, in-8.

Grandes chroniques de France, éd. P. Paris, Paris, 1836-1838, 6 vol., pet. in-8.

GRÉGOIRE DE TOURS, *Historia Francorum*, éd. Omont et Collon, Paris, 1886-1895, 2 vol. in-8 (*Collection de textes pour servir à l'étude de l'histoire*).

HERMANNUS CONTRACTUS, *Chronicon*, éd. Pertz, dans les *Mon. Germ.*, *Script.*, V, 74-133.

Liber pontificalis, éd. L. Duchesne, Paris, 1884-1892, 2 vol. gr. in-4.

LOUP DE FERRIÈRES, *Epistolae*, éd. Dümmler, dans les *Mon. Germ.*, *Epistolae*, VI, 1-126.

MARIANUS SCOTUS, *Chronicon*, éd. Waitz, dans les *Mon. Germ.*, *Script.*, V, 481-564.

Martyrologium Autissiodorense, dans Migne, *Patrol. lat.*, CXXXVIII, 1230.

Martyrologium Fuldense, dans les *Analecta Bollandiana*. I (1882), 27.

Martyrologium Hieronymianum, éd. G. B. de Rossi et L. Duchesne, dans Bolland., *Acta Sanct.*, novemb. II, 1 p. 1-195.

Martyrologium (vetus) romanum, dans Migne, *Patrol. lat*, CXXVIII, 159.

Martyrologes. Voy. Adon, Bède, Florus, Notker, Raban, Usuard, Wandalbert.

Miracula SS. in Fuldenses ecclesias translatorum, éd. Waitz, dans les *Mon. Germ.*, *Script.*, XV, 1, 328.

NITHARD. *Historiarum libri IV*, éd. Pertz, dans les *Mon. Germ.*, *Script.*, II, 649-672.

NOTKER LE BÈGUE, *Martyrologium*, dans Migne, *Patrol. lat.*, t. CXXXI, 1029.

Passio SS martyrum Marcellini et Petri, éd. Dümmler, dans les *Mon. Germ.*, *Poetae latini aevi Carolini*, II, 126-134.

PETRUS BIBLIOTHECARIUS, *Historia Francorum abbreviata*, éd. Pertz, dans les *Mon. Germ.*, *Script.*, I, 416-418.

RABAN MAUR, *Martyrologium*, dans Migne, *Patrol. lat.*, CX, 1148.
— *Carmina*, éd. Dümmler, dans les *Mon. Germ.*, *Poetae latini aevi Carolini*, II, 159-258.

Radbert (Paschase), *Epitaphium Arsenii* (Vie de Wala), éd. Dümmler, dans les *Abhandlungen der Königl. Akademie der Wissenschaften zu Berlin, Philosophisch-historische Classe*, 1899-1900, II, 98 p., in-4.

Sigebert de Gembloux, *Chronicon*, éd. Bethmann, dans les *Mon. Germ., Script.*, VI, 300-374.

Thégan, *Vita Hludowici imperatoris*, éd. Pertz, dans les *Mon. Germ., Script.*, II, 585-604.

Théodulf, *Carmina*, éd. Dümmler, dans les *Mon. Germ., Poetae latini aevi Carolini*. I, 445-578.

Translatio SS. Alexandri et Justini, éd. Wattenbach, dans les *Mon. Germ., Script.*, XV, 1, 286.

Translatio SS. martyrum Christi Marcellini et Petri. Voy. Einhard.

Translatio sanctae Pusinnae, éd. Pertz, dans les *Mon. Germ., Script.*, II, 683.

Translatio SS. martyrum Tiburtii, Marcellini et Petri, Marcelliani et Marci, Proti et Hyacinthi, Marii et Marthae... ad Sanctum-Medardum, éd. Holder-Egger, dans les *Mon. Germ., Script.*, XV, 1, 392.

Usuard, *Martyrologium*, dans Migne, *Patrol. lat.*, CXXIII, 599-992 et CXXIV, 1-860.

Vita Hludowici. Voy. l'Astronome.

Vita Walae. Voy. Radbert (Paschase).

Walahfrid Strabo, *Carmina*, éd. Dümmler dans les *Mon. Germ., Poetae latini aevi Carolini*, II, 259-473.

Wandalbert de Prüm, *Martyrologium*, éd. Dümmler, dans les *Mon. Germ., Poetae latini aevi Carolini*, II, 578-587.

B. RECUEILS DE TEXTES, RÉPERTOIRES, etc.

Acta Sanctorum quotquot orbe coluntur, par Jean Bolland, God. Henschen, Daniel Papebroch, etc. (Soc. Jesu), Anvers, 1643-1902, 62 vol. in-fol.

Acta Sanctorum ordinis S. Benedicti. Voy. Mabillon.

Archiv der Gesellschaft für ältere deutsche Geschichtskunde, Francfort et Hanovre, 1819-1874, 12 vol. in-8.

Bibliotheca hagiographica latina antiquae et mediae aetatis, Bruxelles, 1898-1901, 2 vol. in-8.

Böhmer (G. F.). Voy. Mühlbacher.

Bouquet (dom Martin). Voy. *Historiens de France*.

Bullettino di archeologia cristiana del comm. G. B. de Rossi, Rome, 1866-1906, gr. in-8.

Bulletins de la commission royale d'histoire de Belgique, Bruxelles, 1834-1906, 5 séries in-8. (Les t. V et VII de la 5è série).

Capitalaria. Voy. Monumenta Germaniae.

Chevalier (Ul.), *Répertoire des sources historiques du Moyen Age, Bio-Bibliographie*, 2e éd., Paris, 1905, gr. in-8. — *Topo-bibliographie*, 2e éd., Paris, 1903, gr. in-8.

Concilia. Voy. Mansi.

DUCHESNE (André), *Historiae Francorum Scriptores coaetanei*, Paris, 1636-49, 5 vol. in-fol.

Forschungen zur deutschen Geschichte, Goettingue, 1862-1886, 26 vol., in-8. (les t. VII, X, XV).

Gallia Christiana, par Denis de Sainte-Marthe, les Bénédictins de Saint-Maur et B. Hauréau, Paris, 1715-1865, 16 vol. in-fol.

JAFFÉ (Ph.), *Bibliotheca rerum germanicarum* : IV, *Monumenta Carolina*, Berlin, 1867, in-8.

Historiens de France (Recueil des), par des religieux bénédictins de Saint-Maur et l'Académie des Inscriptions, Paris, 1738-1876, 23 vol. in-fol. (les t. V, VI).

LASTEYRIE (R. de), *Cartulaire général de Paris*, t. I (seul paru), Paris, 1887, in-4. (Collection de l'*Histoire générale de Paris*).

MABILLON (dom Jean), *Vetera analecta*, Paris, 1675-85, 4 vol. in-8 ; — éd. De la Barre, Paris, 1723, 1 vol. in-folio.

— *Acta sanctorum ordinis sancti Benedicti*, Paris, 1668-1702, 6 tomes en 9 vol. in-folio.

MANSI (dom G.), *Sacrorum conciliorum nova et amplissima collectio*, Florence-Venise, 1757-98, 31 vol. in-fol. (les t. XIII et XIV).

MIRAEUS, *Opera diplomatica et historica*, éd. Foppens, Bruxelles, 1723-48, 4 vol. in-folio.

Miracula sanctorum in Fuldenses ecclesias, Voy. Rudolf.

MOMBRITIUS (Boninus), *Sanctuarium sive vitae sanctorum*, s. l., [c. 1475], 2 vol. in-folio.

Monumenta Germaniae historica, Scriptores, pp. G. H. Pertz. etc. Hanovre, 1826-96, 30 vol. in-folio.

— *Capitularia regum Francorum*, éd. Boretius et Krause, Hanovre, 1883-97, 2 vol. in-4.

— *Epistolae aevi Carolini*, éd. Dümmler et Hampe, Berlin, 1892-1904, 4 vol. in-4.

— *Poetae latini aevi Carolini*, éd. Dümmler, Traube, Winterfeld, Berlin, 1880-1899, 4 vol. in-4.

MUEHLBACHER (Eng.), *Die Regesten des Kaiserreichs unter den Karolingern* (751-918), Innsbrück, 1889, in-4. Nouv. éd. en cours depuis 1899.

Neues Archiv der Gesellschaft für ältere deutsche Geschichtskunde, Hanovre, 1876-1907 (les t. IV, XI, XIII, XXI).

OESTERLEY (H.), *Historisch-geographisches Wörterbuch des deutschen Mittelalters*, Gotha, 1882, gr. in-8.

RUDOLF, *Miracula sanctorum in Fuldenses ecclesias translatorum*, éd. Waitz, dans les *Mon. Germ., Script.*, XV, I, 328-341.

RUINART (dom Th.), *Acta primorum martyrum sincera et selecta*, Paris, 1689, in-4.

SICKEL (Th. von), *Acta regum et imperatorum Karolinorum*, Vienne, 1867, 2 vol. in-8.

SURIUS, *De probatis SS. historiis*, Cologne, 1574-75, 6 vol. in-fol. ; réimpression de Turin, 1875-80, 13 vol. in-8.

VAN DE PUTTE, *Annales abbatiae sancti Petri Blandiniensis*, Gand, 1842, in-4.

Van Lokeren (A.), *Pièces et documents de l'abbaye de Saint-Pierre au Mont-Blandin*, Gand, 1868, in-4.

C. OUVRAGES DIVERS

Bacha (Eug.), *Étude biographique sur Éginhard*, Liège, 1888, in-8.
Bosio (Ant.), *Roma subterranea*, éd. Arringhi, Rome, 1650, in-4.
Bruder (P.), *Die heiligen Martyrer Marcellinus und Petrus, ihr Martyrium, ihre Verehrung und ihre Reliquien*, Mayence, 1878, in-8.
Calmette (J.), *Les abbés Hilduin au IXe siècle*, dans la *Bibliothèque de l'École des Chartes*, t. LXV, 1904, p. 530-536.
Chevalard (P.), *L'Église et l'État au IXe siècle : Saint Agobard, archevêque de Lyon*, Lyon, 1869, in-8.
Duchesne (L.), *Fastes épiscopaux de l'ancienne Gaule*, Paris, 1894-1900, 2 vol. in-8.
Dufourcq (A.), *Étude sur les* Gesta martyrum *romains*, Paris, 1900, in-8.
Duemmler (E.), *Geschichte des ostfränkischen Reiches*, Leipzig, 2e éd., 1887-88, 3 vol. in-8.
Ebert (A.), *Histoire générale de la littérature du Moyen-Age en Occident*, trad. Aymeric et Condamin, Paris, 1884-89, 3 vol. in-8.
Guiraud (J.), *Le culte des reliques au IXe siècle*, dans les *Mélanges G. B. de Rossi* (Suppl. aux *Mélanges de l'École française de Rome*, t. XII, 1892) p. 73.
Halphen (L.), *La pénitence publique de Louis le Pieux à Saint-Médard de Soissons*, dans la *Bibliothèque de la Faculté des lettres de l'Université de Paris*, fasc. XVIII, 1904, p. 178.
Hefele (K. J. von), *Histoire des conciles*, trad. Delarc, Paris, 1869-78, 12 vol. in-8. (le t. V).
Kleinclausz (A.), *L'Empire carolingien, ses origines et ses transformations*, Paris, 1902, in-8.
Kurze (Fr.), *Einhard*, Berlin, 1899, in-8.
Le Blant (L.), *Les actes des martyrs* dans *Mémoires de l'Académie des Inscriptions*, t. XXX, 2e part., p. 57-347.
Lecoy de la Marche (A.), *Saint Martin de Tours*, Paris, 2e éd., 1890, in-4.
Lenain de Tillemont, *Mémoires pour servir à l'histoire ecclésiastique des six premiers siècles*, Paris, 1700-1713, 16 vol. in-4.
Levillain (L.), *Étude sur les lettres de Loup de Ferrières*, Paris, 1902, in-8. (Extrait de la *Bibliothèque de l'École des Chartes*, t. LXII et LXIII, 1901-1902).
Longnon (Aug.), *Obituaires de la province de Sens*, Paris, 1903, in-4. (Historiens de France, Nouvelle série).
Lot (F.), *De quelques personnages du IXe siècle qui ont porté le nom de Hilduin*, dans le *Moyen-Age*, année 1903, p. 249-282.
— *Les abbés Hilduin au IXe siècle, réponse à M. J. Calmette*

dans la *Bibliothèque de l'École des Chartes*, t. LXVI, 1905, p. 277-280.

MARIGNAN (A.), *Études sur la civilisation française*, t. II, *Le culte des saints sous les Mérovingiens*, Paris, 1899, in-8.

MARUCCHI (O.), *Études d'archéologie chrétienne*, Paris, 1899-1902, 3 vol. in-8.

— *Cripta storica dei SS. Pietro e Marcellino recentemente scoperta sulla via Lavicana*, dans le *Nuovo Bullettino di archeologia cristiana*, t. IV, 1898, p. 137, gr. in-8.

MONOD (G.), *Études critiques sur les sources de l'histoire carolingienne*, Paris, 1898, in-8, (Bibliothèque de l'École des Hautes-Études, fasc. 119).

NORTHCOTE (J.) SPENCER et BROWNLOW (W. R.), *Rome souterraine, résumé des découvertes de M. de Rossi*, trad. P. Allard, Paris, 1872, in-8.

PFISTER (Chr.), *L'archevêque de Metz Drogon* dans les *Mélanges Paul Fabre* (Paris, 1902, in-8), p. 101-145.

PIRENNE (H.), *Histoire de Belgique*, Bruxelles, 1900-03, 2 vol. in-8.

ROSSI (G. B. de), *Roma sotterranea christiana*, Rome, 1864-77, in-folio.

ROZIER (L.), *Agobard de Lyon*, Montauban, 1891, in-8, (thèse de la Faculté de théol. protestante).

SCHNEIDER (Fr.), *Über die Gründung Einharts zu Seligenstadt. — Die karolingische Basilika zu Steinbach-Michelstadt*, dans les *Annalen des Vereins für nassauische Alterthumskunde*, t. XII et XIII, 1873-74.

SICKEL (Th. von), *Beiträge zur Diplomatik*, I et II, dans les *Sitzungsberichte der Wiener Akademie der Wissenschaften*, 1861-1882, in-8.

SIMSON (B. von), *Jahrbücher des fränkischen Reiches unter Ludwig dem Frommen*, Leipzig, 1874-76, 2 vol. in-8.

SOMMERFELD (E. von), *Eine Heilanstalt zur Zeit Ludwigs des Frommen*, dans *Nord und Sud*, t. CVI, 1903, in-8.

VAN LOKEREN (A.), *Histoire de l'abbaye de Saint-Bavon*, Gand, 1855, in-4.

WATTENBACH (W.), *Deutschlands Geschichtsquellen im Mittelalter*, Berlin, 6e éd., 1893-94, 2 vol. in-8.

WEINCKENS (Joh.), *Eginhartus illustratus et vindicatus*, Francfort, 1714, in-4 (1).

(1) Pour les citations empruntées aux lettres d'Einhard, on renvoie à l'édition de TEULET (Œuvres complètes d'Eginhard, II) qui suit l'ordre du manuscrit.

LA TRANSLATION

DES SAINTS MARCELLIN ET PIERRE

ÉTUDE SUR EINHARD ET SA VIE POLITIQUE

DE 827 A 834

Parmi les maîtres de la renaissance carolingienne, Einhard se place au premier rang. Une longue vie consacrée au service de deux empereurs, une activité intellectuelle d'une extrême variété, la composition du chef-d'œuvre de la littérature biographique du Moyen Age, l'attribution longtemps incontestée, quoique inexacte, des *Annales royales*, expliquent suffisamment l'abondance et l'intérêt de la littérature historique qui s'est développée autour de son nom (1). Son dernier biographe, M. Kurze, en a dégagé et résumé les conclusions dans une remarquable étude (2). La physionomie littéraire et politique

---

(1) U. Chevalier, *Bio-bibliographie*, 2ᵉ éd., 1905. — I, 1286 : *Einhard*.
(2) Kurze, *Einhard*, 1900.

d'Einhard est définitivement esquissée dans ses traits essentiels, grâce aux éléments fournis par ses œuvres, et par les renseignements épars dans les écrits contemporains. Cependant, sa correspondance nous est parvenue trop incomplète et trop mutilée pour permettre, en bien des cas, autre chose que des hypothèses qu'on peut toujours remettre en discussion. Et les écrits secondaires qui ont été conservés, moins intéressants que la *Vita Karoli* au point de vue littéraire et moins précieux au point de vue historique, donnent cependant des indications très curieuses sur l'esprit et le caractère de l'historien de Charlemagne. Une étude approfondie de la *Translatio SS. martyrum Christi Marcellini et Petri* (1), complétée par le *De adoranda cruce* et quelques passages des lettres interprétés à nouveau, permet de préciser et de modifier certains points relatifs à l'œuvre même, ainsi qu'à la personnalité intellectuelle et à la vie politique d'Einhard.

I

Le récit, par Einhard, de la translation des reliques des martyrs Marcellin et Pierre (2) de Rome à Michelstadt, puis à Mülheim, est connu grâce à deux manuscrits : un manuscrit du IX⁰ siècle, dit de la Reine Christine, provenant du monastère de Saint-Benoit-sur-Loire, aujourd'hui au Vatican (n. 318); un manuscrit du X⁰ siècle provenant du monastère de Saint-Arnoul (ou Saint-Jean-l'Évangéliste) conservé à la bibliothèque de Metz (E. 99). Le

---

(1) D'abord publiée par Surius, *De probatis SS. historiis*, 1570-1575, III, p. 526, d'après le manuscrit de la reine de Suède, la *Translation* a été éditée : par les Bollandistes, *Acta Sanct.*, Jun., I, 181, d'après Surius; Migne, *Patrol. lat.*, CIV, 537, d'après les Boll.; Teulet, *Œuvres complètes d'Eginhard*, 1840, d'après le manuscrit de Metz; Waitz, *Mon. Germ., Script.*, XV¹, 238-264, d'après le manuscrit de Metz.

(2) Marcellin, prêtre, et Pierre, exorciste, martyrs de Rome sous Dioclétien, morts en 299. (*Bibliotheca hagiographica latina antiquae et mediae aetatis*, Bruxelles, 1900, II, 776).

premier a été transcrit par plusieurs copistes, car il porte la trace d'écritures différentes. Le second, très élégamment écrit, d'une écriture large et régulière, est orné d'or sur fond bleu (1). Waitz, qui a indiqué dans son édition les variantes, très légères, de ces deux manuscrits et en a donné la description précise, les croit copiés sur un même texte, peut-être le texte primitif, parce qu'ils concordent presque exactement, sauf les divisions et la forme des noms de lieux et de personnes (2).

Ce récit d'Einhard est de beaucoup la source la plus complète et la plus étendue que l'on possède sur la translation et les faits qui s'y rapportent. Cependant, beaucoup de textes contemporains ou postérieurs y font allusion : avec les reliques de saint Sébastien, celles des saints Marcellin et Pierre tiennent une place considérable dans les écrits du temps, soit que les deux translations aient particulièrement frappé les chroniqueurs, soit plutôt que ceux-ci se soient copiés les uns les autres (3).

Ces textes peuvent se diviser en deux groupes : le permier et le plus important est celui des *Annales* qui ont résumé, copié, développé ou transformé les deux passages des *Annales regni Francorum* (aux années 826 et 827),

---

(1) *Archiv der Gesellschaft für ältere deutsche Geschichtskunde* (1819-1874), VIII, 455, et XII, 305.

(2) Un troisième manuscrit de la *Translation*, provenant de Mayence, est indiqué comme ayant figuré en 1899, à la vente des manuscrits de Middlehill ayant appartenu à Sir Th. Phillips : *Catalogue of further books, which will be sold by auction by Sotheby, Wilkinson and Hodge, june 1899........*, n° 496 : Einhard, *Translatio MM. SS. Marcellini et Petri, aus Mainz, Neues Archiv*, XXV, 1900, p. 226. Ce n° 496 ne correspond pas au n° identique du *Catalogue des Manuscrits de Sir Th. Phillips*, (Dép. des manuscrits de la B. N., Imp., 187). Il ne figure pas dans le catalogue des manuscrits de la bibliothèque de Sir Th. Phillipps, acquis aux ventes récentes pour la B. Nat. (Omont, *Catalogue des manuscrits récemment acquis par la Bibl. Nat.*, 1900). Je n'ai pas su retrouver ce qu'il était devenu, ni quelle en était la valeur et les rapports avec les deux manuscrits connus. Sir Thomas Phillipps possédait un manuscrit des *Lettres* (Teulet, I, lxxi), copie du xviie siècle ; peut-être ce manuscrit était-il aussi une copie relativement récente.

(3) Il est assez rare de trouver la translation de saint Sébastien mentionnée seule: dans la *Chronique* d'Adon (*Mon. Germ., Script.*, II, 321); les *Annales Hildesheimenses* (éd. Waitz, p. 16); *Annales Laubienses*, (*Mon. Germ., Script.*, IV, p. 13).

écrites très probablement par Hilduin (1), abbé de Saint-Denis, de Saint-Médard de Soissons et archichapelain de Louis le Pieux (2) ; le second, dont la version est toute différente, a pour origine les fausses prétentions de l'abbaye de Saint-Médard sur les cendres des saints.

Les textes du premier groupe sont les *Annales de Fulda*, la *Vie de Louis le Pieux*, les *Miracles* de Rudolf, la *Translation de sainte Pusinne* et les *Annales Xantenses*. Ils ont entre eux des rapports évidents, mais aussi des variantes fort intéressantes à souligner, car elles ajoutent de fortes présomptions aux arguments qui enlèvent à Einhard la paternité des *Annales regni Francorum* dites aussi *Annales Laurissenses majores*.

Les *Annales de Fulda* copient presque textuellement le passage relatif à Hilduin, sauf de très légères modifications qui portent sur la construction et les mots employés. Mais toute la phrase emphatique de la fin est supprimée (3), comme si l'on jugeait inutile d'insister davantage sur les mérites de saint Sébastien. Si la sèche mention des *Annales*, au sujet de la translation des deux

---

(1) G. Monod, *Etudes critiques sur les sources de l'histoire carolingienne* (*Bibl. de l'Ecole des Hautes Etudes*, fasc. 119), 1898, p. 127-142.

(2) Abbé de Saint-Denis, en 818, de Saint-Germain-des-Prés, en 819, et de Saint-Médard de Soissons; archichapelain de Louis le Pieux après Hildebold, en 818; fougueux partisan de Lothaire en 830, il fut gravement compromis dans la révolte, perdit ses fonctions d'archichapelain et fut exilé en Saxe, à Corvey. Rentré en grâce après 834, il recouvra les abbayes de Saint-Denis et de Saint-Germain-des-Prés. Il fut chargé, en 838, de diriger l'éducation politique du jeune Charles d'Aquitaine, qu'il trahit, en 840, en se rapprochant de Lothaire Ier, au moment de la lutte entre les fils de Louis le Pieux. Il n'est plus abbé de Saint-Denis à partir du 22 nov. 840, mais cette date marque probablement, non pas sa mort, mais sa disgrâce par Charles le Chauve. Sa carrière politique semble se poursuivre. Du 17 fév. 844 jusqu'au 19 sept. 855, il occupe les fonctions d'archichapelain de Lothaire Ier, et c'est peut-être lui qu'on retrouve archevêque de Cologne, de 841 à 850. F. Lot, *De quelques personnages du IXe siècle ayant porté le nom d'Hilduin* (*Moyen âge*, 1903, p. 249; et 1904, *Note rectificative*, p. 338; Calmette, *les abbés Hilduin*, Bibliothèque de l'Ecole des Chartes, 1904, p. 530; Lot, *Les abbés Hilduin au IXe siècle*, *ibid.*, 1905, p. 277.

(3) A partir de *quorum quaedam* jusqu'à la fin du passage relatif à la translation de saint Sébastien.

saints est presque intégralement reproduite (1), il y a une substitution caractéristique du mot *allata* au mot *sublata*. C'est la suppression du verbe malveillant qui souligne la différence entre les reliques de saint Sébastien, solennellement remises aux envoyés d'Hilduin par le pape, et les reliques des saints Marcellin et Pierre, enlevées à la dérobée par le notaire d'Einhard. De plus, les *Annales de Fulda* ont soin d'ajouter que les reliques d'Einhard ont été transportées, après Pâques 828, au palais d'Aix-la-Chapelle, c'est-à-dire qu'elles ont obtenu la respectueuse adoration de l'empereur. Les trois variantes de la transcription des *Annales regni Francorum* sont donc autant de corrections destinées à relever l'importance et le mérite des reliques de Seligenstadt.

Ce souci de correction est encore plus sensible dans la *Vie de Louis le Pieux*, par le soi-disant Astronome. Le début est à peu près copié sur les *Annales Laurissenses* Mais, sans diminuer le nombre des miracles de saint Sébastien, l'Anonyme se contente d'abréger la longue phrase supprimée par les *Annales Fuldenses* (2). Il modifie complètement la mention relative aux reliques d'Ein-

---

(1) *Annales regni Francorum*, (éd. Kurze, p. 174).
827. Corpora beatissimorum Christi martyrum Marcellini et Petri de Roma *sublata* et octobrio mense in Franciam translata et ibi multis signis atque virtutibus clarificata sunt.

(2) *Annales regni Francorum* (p. 171-172)... quorum quaedam tanti stuporis esse narrantur ut humanae imbecillitatis fidem excederent, nisi certum esset Dominum nostrum Jesum Christum, pro quo idem beatissimus martyr passus esse dinoscitur, omnia quae vult facere posse per divinam omnipotentiam in qua illi omnis creatura in caelo et in terra subjecta est.

Annales Fuldenses Einhardi (éd. Kurze, p. 25).
827. Corpora beatorum Christi martyrum Marcellini et Petri mense novembrio in Franciam *allata* sunt.
828 Reliquiae sancti Marcellini martyris post pascha ad Aquis palatium delatae et per eas ibi multa signa facta sunt.

Vie anonyme. Quibus ibi consistentibus, tantam Deus per praesentiam adventus eorum mortalibus attribuit virtutum copiam, ut multitudo numerum excedat. Porro qualitas fidem superet, nisi eis auribus credantur, quibus persuasum est nihil repugnare divinae jussioni, sed et omnia possibilia esse credenti.

hard. Il commence par louer sa sagesse, l'ardeur de sa dévotion, le dévouement avec lequel il a préparé aux saints, à ses propres frais et dans ses propres domaines, une réception digne d'eux, puis il se sépare complètement des *Annales regni Francorum* pour expliquer comment les reliques ont été apportées de Rome. « Einhard, dit-il, les a transportées à Mülheim, *avec le consentement du pape* » (1). La modification est d'autant plus curieuse qu'Einhard, dans sa *Translation*, insiste sur les périls que ses envoyés ont courus pour fracturer les tombeaux des martyrs, les enlever furtivement, la nuit, et les transporter de l'autre côté des Alpes, en ayant bien soin d'éviter les envoyés que le pape Grégoire IV, nouvellement élu, avait chargés d'une mission auprès de Louis le Pieux (2). Il ne cache nullement que son notaire ne pouvait espérer aucun encouragement à Rome, sauf auprès d'un moine grec, Basile (3), et il avoue, avec sa candeur habituelle, que les Romains auraient sévèrement puni les violateurs des tombeaux, s'ils avaient été pris sur le fait. Il y a donc là contradiction formelle, et c'est le biographe anonyme qui fait erreur ; il a été mal renseigné ou il altère volontairement le fait. On peut donc croire que, s'il a insisté sur les mérites d'Einhard, s'il a introduit, sans scrupules, un fait qu'il ignorait ou qu'il savait inexact, c'était pour rétablir la balance entre les deux abbés, en montrant que le pape s'intéressait aussi bien aux reliques des saints Marcellin et Pierre qu'aux reliques de saint Sébastien (4).

(1) *Vie anonyme* (*Mon. Germ.*, *Script.*, II, p. 631). A. 827 « .... Ipso anno, Heinardus, sui temporis prudentissimus virorum, sanctae devotionis ardore incitatus, Romam misit, et corpora SS. Marcellini et Petri, *an nuente papa*, in Franciam fecit transvehi, et valde decenter in proprio territorio, propriisque sumptibus recondidit ; quorum meritis hactenus ibi multa Dominus operatur virtutum miracula ».

(2) *Tr.*, livre I, c. 9.

(3) Einhard parle probablement ici d'un des moines grecs établis à Rome depuis peu. Ce monastère grec, qui existait déjà en 827, s'était fondé sur le mont Palatin, autour de l'oratoire officiel de saint Césaire, qui devint la chapelle du nouveau monastère. (Duchesne, éd. du *Liber Pontificalis*, 1884-1892, II, p. 136, n. 23).

(4) La convenance d'une correction s'imposait d'une manière si naturelle que le copiste des *Annales* du manuscrit de Saint-Germain-des-

De même Rudolf, moine de Fulda et continuateur des *Annales Fuldenses* de 839 à 863 a raconté l'acquisition de nombreuses reliques par son abbaye : il a utilisé la *Translation* d'Einhard et les *Annales royales* (1) qu'il traduit en changeant de temps à autre le tour et les expressions des phrases qu'il emprunte. Il compare les renseignements qu'il a puisés dans ses deux sources (2), en ayant soin d'indiquer que la gloire des miracles des saints Marcellin et Pierre « n'est pas moindre » que celle des miracles de saint Sébastien, comme s'il jugeait nécessaire de défendre Einhard contre l'impression peu favorable qui se dégage de la lecture des *Annales* (3). La *Translation de sainte Pusinne*, écrite vers 860, insiste tout d'abord sur les mérites d'Einhard, la persévérance de ses envoyés, sur

Prés, suivi par Freher dans son édition des *A. royales* (*Corpus franc. hist.*, t. II) a jugé une interpolation nécessaire. Dans le texte des *Annales*, avant les mots *Corpora beatissimorum*, il a copié la mention élogieuse de l'Anonyme sur Einhard depuis *Heinardus...* jusqu'à *operatur virtutum miracula*. Il est vrai que ce copiste a pu être guidé tout simplement par le désir de compléter le texte qu'il transcrivait à l'aide des renseignements à lui fournis par la vie anonyme de Louis le Pieux.

(1) *Miracula Sanctorum in Fuldenses ecclesias translatorum* (*Mon. Germ.*, XV, 1 p. 329).

Annales regni Francorum, p. 171-172.	*Miracula Sanctorum*.....
Quorum quaedam tanti stuporis esse narrantur ut humanae imbecillitatis *fidem excederent, nisi certum esset Dominum nostrum Jesum Christum* pro quo idem beatissimus martyr passus esse dinoscitur, *omnia quae vult facere posse per divinam omnipotentiam, in qua illi omnis creatura in caelo et in terra subjecta est.*	... Tantis et jam inauditis omnibus retro generationibus florere miraculis *ut revelatio eorum fidem excederet, nisi certum esset omnibus fideliter credentibus quod Deus et Dominus noster Jesus Christus*, qui gloriosus est in sanctis suis mirabilis in majestatibus, faciensque *prodigia omnia quaecunque voluerit in caelo et in terra sine ulla difficultate potest efficere.*

(2) Il a connu aussi la *Translation*, car il n'aurait pas trouvé dans les *Annales* seules les détails relatifs aux saints Protus, Hyacinthe et Hermès, dont il parle.

(3) *Miracula SS.....* (c. 2) : « .... Ossa quoque beatorum martyrum Marcellini et Petri, Proti et Hyacinthi, cum reliquiis sanctis Hermetis... *non minore miraculorum gloria,* in diversis sanitatibus infirmantium quotidie fulgent ».

l'accueil favorable que les saints leur ont fait; Hilduin ne vient qu'en seconde ligne (1). Les *Annales Xantenses* reproduisent le fait dans le même esprit. Les saints, d'après le texte, « viennent » de leur plein gré et non pas enlevés de Rome à la dérobée, contre leur volonté (2). Enfin, les brèves indications d'un grand nombre d'Annales secondaires suivent de préférence la version des *Annales de Fulda* (3).

Cette comparaison suffit à prouver que la plupart des textes qui ont utilisé les *Annales royales* (*Annales Laurissenses majores*) ou qui se sont inspirés d'elles, corrigent d'une manière évidente le passage hargneux sur les reliques enlevées à l'instigation d'Einhard. On ne voit pas bien ses amis le corrigeant lui-même. C'est donc un argument nouveau à ajouter à ceux qui empêchent de lui attribuer la dernière partie des *Annales royales*.

Les textes qui ont pour origine les prétentions mensongères de l'abbaye de Saint-Médard, rapportent d'une

---

(1) *Translatio S. Pusinnae* (*Mon. Germ., Script.*, II, p. 682).

(2) *Annales Xantenses* (*Mon. Germ., Script.*, II, p. 225) : 827. Venerunt corpora SS. Marcellini et Petri de Roma.

(3) *A. Leodienses* (*Mon. Germ., Script.,* IV, p. 13).

826. Corpus S. Sebastiani a Roma in Galliam delatum.

827. Corpora SS. Marcellini et Petri a Roma in Galliam *allata*.

Hermanni Contracti Chronicon (*Mon. Germ., Script.*, V, 103).

826. Hildowinus de sancto Dionysio abbas ab Eugenio papa, ossa beati martyris Sebastiani impetravit, quae Suessionis in basilica S. Medardi locata, variis et innumeris refulsere miraculis.

827. Corpora SS. MM. Marcelliini et Petri in Franciam translata sunt mense Novembri.

828. Reliquiae S. Marcellini Aquisgrani allatae, plurimis glorificantur miraculis.

L'Historia Francorum de Pierre le Bibliothécaire donne des renseignements rédigés d'après les Annales de Fulda (*Mon. Germ., Script.*, I, 416-418).

827. Abbas S. Dionysii Romam mittit et, annuente Eugenio papa, ossa Sebastiani martyris transportantur et collocantur apud Suessionam civitatem in templo S. Medardi.

828. Corpora SS. martyrum Marcellini et Petri in Galliam transferuntur.

manière toute différente la translation des reliques, qui aurait été faite, non à Seligenstadt, mais à Soissons. L'examen de l'incident des reliques volées par le prêtre Hunus au notaire d'Einhard démontre (1) clairement la fausseté de ces prétentions (2).

II

La *Translation* d'Einhard est le seul témoignage personnel qu'on ait sur cet évènement de sa vie, avec la brève mention des *Annales de Fulda* qui lui sont attribuées pour la partie qui va jusqu'en 838 (3), et les détails complémentaires fournis par sa correspondance (4) : il est inexact, en effet, de lui rapporter, comme on l'a fait longtemps, une *Passion* en vers en l'honneur des saints Pierre et Marcellin (5).

---

(1) Voy. p. 39.

(2) Certaines chroniques qui ont pu connaître les deux versions évitent de se prononcer. Sigebert de Gembloux, probablement mis en défiance par les falsifications de saint Médard, rapporte la translation des saints Marcellin et Pierre, sans préciser le lieu où furent apportées leurs cendres. Voy. *Chronicon* dans les *Mon. Germ., Script.*, VI, 338).

« 827. Corpora Marcellini et Petri martyrum de Roma sublata et in Franciam translata, multis signis clarificata sunt ». La translation est aussi mentionnée d'une manière générale, dans les *Annales Blandinienses* (*Mon. Germ., Script.*, V, éd. Bethmann, p. 23).

« 828. Corpora Marci et Marcelliani in Ostriam feruntur ».

Bethmann corrige « Marci » qu'il remplace par « Petri ». En réalité, l'erreur des Annales ne porte pas sur le nom d'un des saints seulement. On a confondu les saints Marcellin et Pierre avec les saints Marcus et Marcellianus, honorés le 14 des calendes de juin (19 mai). C'est une preuve de plus de l'inexactitude des *Annales Blandinienses*.

(3) Kurze, dans l'introduction de son édition des *Annales Fuldenses*, p. vi (Hanovre, 1891).

(4) *Mon. Germ., Epistolae*, III, p. 105-146, éd. Hampe.

(5) Cette attribution a été considérée comme certaine ou probable par beaucoup des historiens anciens ou modernes d'Einhard : *AA. SS.*, Jun., I, 174. — Migne, CIV, 193. — Teulet, *op. cit.*, I, Préface, II, 397. — Dümmler, *Mon. Germ., Poetae lat. aevi Carol.*, II, p. 26 ; et *Neues Archiv*,

Trois manuscrits de cette *Passion* ont subsisté ; deux d'entre eux accompagnent les manuscrits de la *Translation* :

1º Dans le manuscrit du Vatican, elle est précédée d'un titre précis : *Incipit rythmus Einhardi viri eruditissimi de passione Christi martyrum Marcellini et Petri.* Ce titre, écrit en capitales du xe siècle, diffère du reste du manuscrit, qui est d'une écriture plus ancienne.

2º Dans le manuscrit de Metz, du xe siècle, elle fait suite à la *Translation*, mais sans titre.

3º Elle figure enfin, au milieu d'autres poèmes religieux et toujours sans titre, dans un manuscrit du ixe siècle de Saint-Germain-des-Prés, autrefois à Corbie, aujourd'hui à Paris (Bibl. Nat., lat. 14143).

Cette attribution à première vue n'a rien d'invraisemblable. Einhard comptait parmi les poètes de la cour de Charlemagne ; la *Passion* est écrite en tétramètres trochaïques, mètre rythmique populaire qu'Einhard aurait très bien pu employer, et il y a évidemment une coïncidence curieuse dans le rapprochement de la *Translation* et de la *Passion* dans les deux manuscrits qu'on possède. Il ne semble pas cependant qu'on puisse attribuer celle-ci à Einhard. Les critiques qui s'y sont refusés n'ont guère invoqué d'autre raison que la médiocrité littéraire du poème et l'absence de rapport entre la *Passion* et la *Translation*. On peut ajouter à ces raisons un argument définitif : Einhard n'a pu avoir connaissance des traditions sur la mort des martyrs qui ont servi de thème à la *Passion* en vers.

Cette tradition est des plus dramatiques. Elle mêle étroitement à la mort des saints Marcellin et Pierre l'his-

---

IV, p. 262 ; XI, p. 231. — Kurze, *Einhard*, p. 61. — Molinier, *Sources de l'histoire de France*, I, p. 198. Elle a soulevé des doutes chez Ebert, *Histoire de la littérature du Moyen âge en Occident*, trad. Aymeric et Condamin (1884-89), II, p. 117, et chez Wattenbach, *Deutschlands Geschichtsquellen* (6e éd., 1893), I, p. 189. Dufourcq, *Étude sur les Gesta martyrum romains* (1900), p. 394-95, a dû confondre la *Translation*, qu'il qualifie de « *long poème* » avec la *Passion* dont l'auteur est, pour lui, un moine de la *ville épiscopale (sic)* d'Einhard.

toire d'un certain Artémius, de sa femme Candide, de sa fille Pauline, et raconte leur martyre avec force détails. Pierre, exorciste, emprisonné à Rome et torturé, est confié à un geôlier, Artémius, dont la fille, Pauline, est possédée du démon. Pierre veut le convertir en lui promettant la guérison de sa fille. Tandis que Candide est prête à croire aux paroles de Pierre, Artémius ne répond que par des railleries. Soudain, un personnage vêtu de blanc, une croix à la main, lui apparaît, guérit Pauline, et force par là sa conversion, avec celle de tous ses parents. Gagné à son tour par l'esprit de prosélytisme, Artémius donne la liberté à tous ses prisonniers s'ils veulent se convertir. Le prêtre Marcellin, sur le désir de Pierre, vient les baptiser, et profite de la maladie de Serenus, vicaire du préfet du prétoire, pour les instruire dans la nouvelle religion. Le jour du jugement, tous s'enfuient avec la connivence d'Artémius, sauf Pierre et Marcellin. Serenus, rétabli, ordonne l'emprisonnement du geôlier, fait torturer les deux amis, qui sont enfermés dans des cachots séparés. Un ange les délivre; Artémius, sa femme et sa fille, appelés devant le juge pour expliquer cette disparition soudaine, confessent leur foi, et ils sont condamnés à être écrasés sous une énorme pierre. Le jour de leur supplice, Pierre et Marcellin, d'après l'ordre de l'ange, viennent se livrer. Artémius est tué d'un coup d'épée; sa femme et sa fille sont lapidées; les deux saints, conduits dans la « Forêt Noire », sont liés à un arbre, décapités, mais leur bourreau se convertit et il assure avoir vu leurs âmes, richement parées, s'envoler au ciel soutenues par des anges (1).

Y a-t-il quelques traces de ces traditions dans la *Translation* ? — Aucune. Einhard semble même n'avoir eu que des idées très vagues sur la vie et la mort de ses martyrs. S'il avait su que saint Pierre était un exorciste, il n'aurait pas manqué, selon toute apparence (2), de faire une allusion

---

(1) Cette forêt, après le martyre des saints, changea son nom de Silva Nigra en Silva Candida. Elle était située à 8 milles de Rome, entre la ville et le port, sur la rive droite du Tibre.

(2) Ce n'est qu'une présomption incertaine. De ce qu'il aurait *pu* faire cette allusion, s'il avait connu la vie du saint, il ne s'ensuit pas forcément qu'il ait *dû* la faire; il est cependant singulier qu'on ne

aux mérites particuliers de ce saint lors des prédiction
du démon Wiggon(1) ou de la possédée de Baldradestat (2)
par un singulier hasard, qui est peut-être une confusion
il célébra le jour de l'arrivée des saints à Mülheim l
17 janvier, faisant coïncider ainsi la réception solennell
de ses reliques avec le lendemain de la fête d'un sain
Marcellin qui n'était pas le sien (3). Il n'aurait pas man
qué non plus de rappeler les conversions qu'ils opérèren
au moment de leur mort. On peut donc affirmer qu'il n
connaissait pas cette tradition, et qu'on ne la connais
sait pas davantage autour de lui, à Fulda, à Seligenstadt
Raban Maur ne cite même pas les noms d'Artémius, Can
dide et Pauline dans son *Martyrologe*. Pourtant, nul plu
que lui ne s'intéressait aux saints de l'ami dont il écrivi
l'épitaphe : plus d'une fois, leur mort glorieuse excita s
verve poétique (4), mais ses vers ne contiennent pas d'au
tres faits ni d'autres noms que ceux qui sont mentionné
dans son propre martyrologe. Or, il dédie précisément c
Martyrologe à Ratleik, abbé de Seligenstadt, l'ancie
notaire d'Einhard et son successeur (5). Si Einhard avait écri
la *Passion*, elle aurait été connue au monastère de Fulda
qui possédait un catalogue de ses livres, et probablemen
aussi des exemplaires de ses œuvres personnelles. Raba
Maur l'aurait utilisée et ne se serait pas exposé à se fair

trouve pas dans la *Translation* une seule allusion au martyre de
deux saints.

(1) *Tr.* III, c. 49.
(2) *Tr.* IV, c. 91.
(3) Saint Marcellin, pape martyr du ive siècle, honoré le 16 janvier
le 26 avril (*Bibliotheca hagiographica latina* II, p. 775).
(4) *Mon. Germ., Poetae lat. aevi Carol.*, II, p. 230, 234, 235, *Raba
Mauri Carmina*: Hymnus de sancto Marcellino et Petro martyribus
Item versus de iisdem martyribus...... Hi versus scripti sunt in ecclesi
S. Wicberti confessoris (dédiée en 850, en l'honneur des saints de Sel
genstadt). .... In ecclesia S. Saturnini, in summo altare :

> En altare, tenet hoc Marcellinus honeste
> Cum Petro socio consecrat et meritis.
> Quos pariter Christus cœlestem duxit ad arcem
> Claros martyrio actibus atque bonis.

(5) Dédicace du martyrologe de Raban (*Mon. Germ., Ep. Carol. aev
III, p. 502 : Hrabanus archiepiscopus Moguntiacensis Ratleicho abb
ti Seligenstadensi martyrologium rogatu ejus compositum dedicat (ava
854).

reprocher par Ratleik (1) d'avoir négligé dans son *Martyrologe* une histoire tout à la gloire des saints de Seligenstadt.

Si Einhard, Ratleik et Raban Maur ont ignoré la tradition de la *Passion*, c'est qu'elle était puisée, non dans les *Martyrologes* antérieurs ou contemporains, mais dans les *Actes* des deux martyrs (2), non authentiques (3), dont la version, toute romaine, s'est développée tardivement au milieu du ixe siècle, date probable de la composition de ces Actes.

---

(1) Ratleik, notaire d'Einhard, et, après lui, abbé de Seligenstadt (840-854) était comme lui passionné pour les belles-lettres et doué d'une grande variété d'aptitudes. Il fut l'ami de Raban Maur, qui lui dédia son martyrologe par une lettre où il lui montrait autant d'affection que d'admiration. Chancelier de Louis le Germanique de 839 à 853, il mourut probablement à cette époque. Raban écrivit son épitaphe.
Mon. Germ., Poet. lat. aevi Carol., II, p. 240, n. 1; — p. 241, n. 1, 2, 3. — Sickel, *Beiträge zur Diplomatik*, I, 363-387; II, p. 152; — Simson, *Ludwig d. fr.* II, p. 197; — Dümmler, *Geschichte des ostfr. Reiches*, 1887-1888, II, p. 432; — *Forschungen zur deutschen Geschichte*, XXV, 198.
(2) Publiés dans le *Sanctuarium* de Mombritius (Milan, 1475, II, 97); par Surius, *De probatis SS. historiis* (III, p. 523), qui transcrit très librement les faits; dans les *AA. SS. Iun.*, I, 174; ils ne figurent pas dans la collection de Dom Ruinart, *Acta primorum martyrum sincera et selecta* (Paris, 1689), qui ne les croit pas authentiques. Lenain de Tillemont s'est attaché à en démontrer la fausseté *(Mémoires pour servir à l'histoire ecclésiastique des six premiers siècles de l'Église*, 1700-1713). Voy. p. 199 et notes, p. 663.
(3) On a essayé cependant de prouver l'authenticité de ces actes. D'après Le Blant (*Mémoires de l'Académie des Inscriptions et Belles-Lettres*, XXX^2, p. 330 : *les Actes des Martyrs*), un fait suffit à attester cette authenticité : dans le récit du supplice de Candida et Paulina, le narrateur fait allusion aux *luminaria* qui laissaient pénétrer l'air et la lumière dans les catacombes : *Sanctam vero Candidam atque Virginem per praecipitium, id est per luminare cryptae jactantes lapidibus obruerunt*. Comme, d'après Le Blant, les marbres seuls ont révélé l'existence de ces *luminaria*, l'emploi de ce terme est une preuve que les Actes sont bien contemporains de l'ère des martyrs. La correction du texte *luminare*, à la place de *liminare*, est intéressante, mais, pour que cet argument eût quelque valeur, il aurait fallu prouver que le souvenir des *luminaria* ne s'était pas conservé à Rome, ce qui semble inadmissible, et qu'on ne pouvait pas employer ce terme à une époque plus tardive.

Jamais, en effet, avant ce temps, on ne voit les saints Pierre, Marcellin, Artémius, Candida, Paulina, réunis ensemble. Au contraire, les *Martyrologes* (1) et les *Iti-*

(1) IVe siècle. Martyrologe hiéronymien.	VIIIe siècle ? Vetus Romanum Martyrol. (placé en tête de celui d'Adon).	Ve siècle. Martyrol. Autissiodorensis.	Entre 672 et 735. Martyrologe ancien de Bède.
AA. SS., Nov. II¹, 71.	MIGNE, CXXIII, 159.	MIGNE, CXXXVIII, 1229-1230.	MIGNE, CXXXVIII, 1297.
IV non. Jun., Romae.... Marcellini presbyteri et Petri exorcistae.	IV non. Jun., Romae.... Marcellini presbyteri et Petri exorcistae.	IV non. Jun., Romae, in cimilerio inter duas Lauros via Layicana, Marcellini presbyteri et Petri exorcistae.	IV non. Jun., SS. Martyrum Marcellini et Petri.
VIII Idus Jun.,	VIII Idus Jun., Romae Artemii Candidae et filiae eorum Paulinae.	VIII Idus Jun., Romae SS. MM. Artenii cum uxore Candida et filia Paulina.	VIII Idus Jun.

néraires les séparent. Le fécial hiéronymien, celui de Bède le Vénérable, celui de Raban, ignorent les noms même d'Artémius, Candida et Paulina. Damase, évêque de Rome

x⁰ siècle (remaniement), Martyrologe de Fulda.	842 ou 845. Martyrologe de Raban.	ix⁰ siècle Martyrologe de Bède (revu par Florus de Lyon).	Entre 863 et 869 Martyrologe d'Usuard.
Analecta Boll., 1882, I, p. 27.	MIGNE, CX, 1148.	AA. SS., Mart., II XXI,	MIGNE, CXXIV, p. 114.
IV non. Jun., Romae, Marcellini et Petri.	IV non. Jun., Romae, Marcellini presbyteri et Petri exorcistae qui multos in carcere ad fidem erudientes post dira vincula et plurima tormenta decollati sunt sub judice Sereno et qui eos decollavit vidit animas eorum splendide ornatas ab angelis ferri ad caelos, et penitentiam agens, sub Julio papa baptizatus est in senectute sua nomine Dorotheus.	IV non. Jun., (le même texte que Raban). Wandalbert de Prüm. (M. Germ., Poet. aevi carol. II, 569-587. Marcelline sacer Petre et exorcista quaternis — Nonis communem dignamque litatis ad aram.	IV non. Jun., Romae beatorum MM. Marcellini presbyteri et Petri exorcistae qui multos in carcere ad fidem erudientes, post dira vincula et plurima tormenta decollati sunt sub judice Sereno.
VIII Idus Jun., ... Arthemii, Candidae, Paulinae.	VIII Idus Jun.,	VIII Idus Jun.,	VIII Idus Jun., Romae SS. Artemii cum uxore sua Candida et filia Paulina. Qui Artemius gladio percussus; uxor vero ejus et filia lapidibus sunt obrutae.

de 366 à 384, qui restaura les Catacombes, et fut le premier à donner quelques détails sur leur passion, se borne à des indications très brèves : « Enfant, dit-il, il entendit « le récit de leur mort par leur bourreau ; ils furent exécutés « en cachette au petit jour, creusèrent gaiement leur tombe avant leur mort et en révélèrent l'emplacement à Lucilla ». Il ne fait aucune allusion à la triple conversion qui s'ensuivit (1). Les martyrologes d'Auxerre, de Fulda et celui d'Usuard marquent la fête des trois convertis le 6 juin, sans indiquer aucun rapport avec l'histoire des saints Marcellin et Pierre.

Dans les *Itinéraires* (2), les tombeaux de ces deux mar-

---

(1) *Damasi Epigrammata* (éd. Ihm, 1895, I, Ep. 29, p. 34).

(2) Rossi (*La Roma sotteranea*, 1864, I, p. 138 et suivantes), donne le texte des Itinéraires. Les mentions qui se rapportent à Pierre et Marcellin sont toutes isolées; celles des autres saints aussi :

Notitia ecclesiarum urbis Romae (p. 139 — 140).
... ibi pausant sancti. mar. Petrus *pbr.* et Marcellinus martyr.
... En occidentale parte Tiberi eccl. est ... Deinde descendis ad aquilonem, et invenies eccl. sanctae Candidae et Virginae mart. cujus corpus ibi quiescit. ... Deinde ambulas ad Sanctum Pancratium, cujus corpus quiescit in formosa ecclesia via Aurelia, et invenies Ardhimium mart. et in altero loco sanctum Paulin*um* martyrem ».

Indices oleorum quae collegit Joannes abbas :
... Sancti Pancrati, Sancti Artemi ... Sancta Paulina.

Epitome libri de locis SS. Martyrum (p. 176 et suiv., — rédigé au vii° siècle, d'après Dufourcq, *op. cit.*, p. 21).
« ... Inde haud procul in sinistra manu juxta viam Aureliam sanctus Paulin*us* ; sanctus Arthemius.
... juxta viam vero Lavicanam ... Sancti isti dormiunt Petrus et Marcellinus.
... juxta viam Salariam, sancta Candida.

Itinerarium Salisburgense :
(rédigé au vii° siècle entre 638 et 642, d'après Dufourcq, *op. cit.*, p. 21).
... invenies (*au cimetière de Pontien*) eccl. sanctae Candidae virginis et martyris, cujus corpus ibi quiescit.
... (*A saint Pancrace*) ... invenies Ardhimium martyrem, et in altero loco Paulin*um* martyrem.

Notitia portarum viarum ecclesiarum circa urbem Romam W. Malmesburiensis (rédigée entre 649 et 757, d'après Dufourcq, *op. cit.*, p. 20).
... alii martyres Paulin*us*, Arthemius.

Excerpta topographica e vita Hadriani I.
... Basilicam SS. Abdon et Sennen, atque beatae Candidae.

tyrs sont marqués à leur place, sur la voie Lavicane. Une sainte Candide, vierge et martyre, est signalée dans le cimetière de Pontien. Puis, parmi les bienheureux qui reposent au cimetière de Pancrace, on cite un saint Artémius et un autre personnage qui porte alternativement le nom de saint Paulinus ou de sainte Paulina. Ces mentions isolées et l'indécision même qui règne au sujet du sexe de ce dernier martyr suffiraient à montrer que les Actes ont été fabriqués tardivement, à grand renfort d'imagination.

Ils furent très probablement composés d'après des traditions qui se développèrent, non pas autour de la voie Lavicane, où les martyrs avaient été enterrés, mais autour du cimetière de Pontien (1) et de l'église du Mont-Celius où, par suite d'une confusion, on croyait posséder leurs reliques. Ces traditions se formèrent graduellement, et la réunion des différents saints s'opéra peu à peu. Le cimetière de Pontien, situé sur la Via Portuensis, à droite, sous le Monte Verde, dans les quartiers commerciaux à l'est de Rome (2), abritait les restes d'une sainte Candide, probablement celle qui est mentionnée dans les *Itinéraires*. Lors de la découverte de la catacombe, en 1613, les fouilles révélèrent l'existence de deux oratoires; l'un d'eux lui était dédié ; on retrouva les traces de son tombeau, ainsi que des tombeaux des saints Abdon, Sennen, Pollion et Pygmenius. D'après les *Gestes* de Vibbiane (3), cette sainte, la *matrone* Candide (4), avait recueilli le cadavre de saint Pygmenius (jeté dans le Tibre pour avoir insulté son ancien élève, Julien l'Apostat), et l'avait enseveli dans le cimetière de Pontien, au début du ive siècle. L'histoire de cette matrone n'avait donc aucun rapport avec la trinité Artemius, Candida, Paulina. Plus tard, on en fit une martyre, convertie par la prédication et l'exemple des saints de la voie Lavicane. Une tradition dont on ne peut guère préciser l'origine ni la date rapportait, en effet, que cette

---

(1) Voy. Dufourcq, *Les Gesta Martyrum romains*, p. 97.
(2) Marucchi, *Eléments d'archéologie chrétienne*, 1902, I, p. 64 ; II, p. 61-65.
(3) Dufourcq, *Les Gesta Martyrum romains*, p. 124, 240.
(4) Dans les *Itinéraires* c'est la vierge Candide.

M. Bondois. *La Translation.*

sainte Candide, convertie par les saints Pierre et Marcellin, avait été arrêtée à la sortie d'une catacombe, où elle avait assisté à la messe de ce dernier, et avait été précipitée par un lucernaire dans la catacombe de Pontien. On dut s'imaginer, au cimetière de Pontien, qu'on possédait aussi le corps de saint Marcellin, dont sainte Candide avait été la disciple. Une inscription a révélé l'existence d'un prêtre spécialement attaché à son service (1). Ensuite on crut posséder aussi saint Pierre, son inséparable compagnon : une fresque, peinte sur les murs de la crypte, représentait parmi les autres martyrs du lieu, saint Pierre à côté de saint Marcellin, sous une apparence beaucoup plus âgée que ce dernier. L'église du Mont-Celius, dédiée aux mêmes saints, hérita alors vraisemblablement de leur légende et de leurs reliques. Elle était située dans la IIIe région ecclésiastique de Rome, entre la pente du Celius, le Colisée, Saint-Pierre-aux-Liens et Saint-Jean-de-Latran. Restaurée par Benoît III, vers 855-858 (2), elle s'enorgueillissait probablement déjà, comme par la suite, de posséder le corps entier des deux martyrs, ainsi qu'une petite fiole pleine du sang de sainte Candide (3).

D'autre part, les martyrs de Pancrace, Artemius, Paulinus (ou Paulina) avaient été tirés de leur solitude depuis longtemps et honorés comme il convenait. Grégoire le Grand avait donné en présent à la reine des Lombards un peu de l'huile des lampes de leurs tombeaux, contenue dans de petites fioles sur lesquelles se trouvait le nom de chaque saint: *Sancti Pancrati, sancti Artemi, sanctae Paulinae* (4). Puis, précisément au milieu du IXe siècle,

---

(1)   Eustatius humilis peccator
    Pbr servitor beati Marcellini
    Martyris, sed, tu qui legis,
    Ora pro me et habeas D. M.
    Protectorem.

(2) *Liber pontificalis*, éd. Duchesne, II, p. 147.

(3) En 1256, le pape Alexandre IV fit placer solennellement ces reliques sur le maître-autel. Voy. Bruder, *Die heiligen Martyrer Marcellinus und Petrus, ihr Martyrium, ihre Verehrung und ihre Reliquien*, 1878, p. 100.

(4) Bruder, *op. cit.*, p. 15, n. 1.

entre 844 et 847, le pape Sergius II avait transporté dans l'intérieur de Rome, dans l'église de Saint-Martin, les restes d'Artemius et de Paulina (1). La Candide de Pontien, déjà associée à saint Marcellin, fut très probablement le lien qui réunit désormais les saints de la voie Lavicane et les martyrs de Pancrace.

C'est alors seulement que la tradition rapportée dans les *Actes* dut se former, brodée sur les éléments très simples des *Calendriers* et *Itinéraires* primitifs, le récit de Damase, les traditions locales relatives aux saints Pierre et Marcellin, et les Gestes de saint Alexandre et de saint Processus dont l'imitation est évidente : Artemius est converti par Marcellin grâce à un miracle identique à celui qui force la conviction du païen Hermès, dans les Gestes de saint Alexandre ; sa fille Pauline est guérie comme la fille d'Hermès, Balbina ; le geôlier Artemius, converti, veut délivrer les prisonniers, comme Processus après sa conversion par saint Pierre (2). M. Dufourcq, qui a constaté cette imitation et a entrevu, sans conclure, les rapports de la sainte Candide de Pontien avec celle des *Actes*, a voulu prouver que ces *Gesta Martyrum* romains avaient été rédigés en Ombrie au VIe siècle (3). Seulement, les arguments qu'il invoque, très intéressants d'ailleurs, n'emportent pas la conviction et il semble aventureux d'affirmer que « la plupart des *Actes* étaient rédigés à la fin du VIe siècle » (p. 81). En particulier, en ce qui concerne les *Actes* des saints Pierre et Marcellin ; M. Dufourcq ne semble pas avoir été frappé par le fait que l'imitation des Gestes d'Alexandre prouve *a priori* la rédaction postérieure des *Actes* des deux martyrs de Seligenstadt. Ne pourrait-on pas croire que ces *Actes* ont été tardivement introduits dans le recueil et composés au IXe siècle, au moment où les translations de Sergius II et de Léon IV, les restaurations de Benoît III avaient attiré l'attention sur les

---

(1) Moins de trois cents ans après, en 1120, les corps d'Artemius, Candida, Paulina étaient transférés à Plaisance et placés solennellement sur l'autel de saint Justin. Voy. BRUDER, *op. cit.*, p. 15.

(2) DUFOURCQ, *Gesta Martyrum romains*, p. 88, 163.

(3) Il ne semble pas que ces conclusions sur la date de la rédaction des Actes doivent être acceptées sans discussion. Voy. l'art. critique de BABUT dans la *Revue Historique* (t. LXXVIII, 1902, p. 370).

martyrs de la voie Lavicane, de Pontien et de Pancrace (1) ? Quoi qu'il en soit, la tradition commune aux *Actes* et à la *Passion* était encore inconnue dans l'empire franc vers 840, date de la mort d'Einhard. Elle y pénétra vraisemblablement avec Adon de Vienne, moine de Ferrières qui, avant de rédiger son *Martyrologe* (entre 860 et 874), alla se documenter en Italie et recueillit des traditions à Ravenne et à Rome (2). Einhard, n'ayant pu la connaître, ne peut donc avoir été l'auteur de la *Passion* en vers qui la reproduit fidèlement (3).

III

La date de la *Translation* est fournie par les *Annales* qui l'indiquent à l'année 827 (4) : cette date est le point de départ de la chronologie des événements qui la suivent.

Il n'y aurait pas lieu d'y insister, si certaines contradictions à ce sujet n'avaient pas été expliquées de façon peu satisfaisante. Tout d'abord, les *Annales royales* indiquent, pour le moment de la translation, le mois d'octobre 827, tandis que les *Annales Fuldenses* donnent le mois de novembre. M. Kurze explique très vraisemblablement

---

(1) Il faudrait, pour fixer cette date avec certitude, connaître exactement l'âge des plus anciens manuscrits de ces actes. Or, le manuscrit du recueil général des *Gesta*, retrouvé par M. Dufourcq, considéré par lui comme une copie des *Gesta* primitifs, et qui contient du 142e au 145e folios les *Actes* des saints Marcellin et Pierre, est une copie du xe siècle, ainsi que le plus ancien manuscrit de ces derniers actes conservé à la Bibl. Nat. Les Bollandistes disent avoir fait leur édition sur de « très anciens manuscrits » mais ils ne précisent pas les dates.

(2) Adon, *Martyrologe* (Migne, CXXIII, 274). — Toute la mention relative aux martyrs du 2 et du 6 juin semble le thème, en prose, de la *Passion* en vers. Notkerus Balbus de Saint-Gall (Migne, CXXXI, 1029), reproduit à peu près la même version.

(3) D'ailleurs, si Artémius, Candida, Paulina avaient été connus à Rome, du vivant d'Einhard, comme les disciples des saints Pierre et Marcellin, Deusdona n'aurait pas manqué d'apporter leurs corps, voire quelques modestes *ossicula* au trop naïf abbé de Seligenstadt.

(4) Les *Annales regni Francorum*, les *Annales Fuldenses*, la *Vita Ludovici* de l'Anonyme; les *Annales* moins importantes.

cette différence par le fait que les reliques, introduites en France au mois d'octobre, ne parvinrent à Michelstadt qu'au mois de novembre (1). Les *Annales Fuldenses*, d'ailleurs, mieux renseignées sur Einhard, auraient pu corriger une mention inexacte des *Annales royales*.

Les discussions sur la date de l'arrivée des reliques (827) ont été soulevées par un passage de la *Translation* qui indique le don fait à Saint-Sauve *à la quatorzième année* du règne de Louis le Pieux (2), alors que les mémoires des autres abbayes (3), et les chroniques de l'une de ces abbayes (4) marquent ce don en 828, c'est-à-dire pendant *la quinzième année* du règne. Comme on sait que le don fait à Saint-Sauve a suivi d'une année la *Translation*, on s'est demandé s'il ne fallait pas, d'après le texte d'Einhard, placer celle-ci un an plus tôt.

Les Bollandistes, respectueux de la date donnée par le texte même, avaient placé la *Translation* en 826 et reculé d'une année tous les événements qui s'y passent. Leur erreur a été réfutée depuis longtemps par Teulet (5), qui opposait à un texte personnel (celui de la *Translation*), un autre texte personnel, les *Annales royales*. La critique reste juste, malgré l'inexactitude de l'argument (6) : il suffit de rapprocher la date des dons faits aux différentes abbayes à la même époque, en 828, au début de l'année qui suivit l'acquisition des reliques. Mais, pour concilier cette date avec la mention soi-disant erronée de Saint-Sauve, il n'est peut-être pas nécessaire d'invoquer l'erreur du copiste, comme l'ont fait les érudits qui ont corrigé

---

(1) Kurze, dans son édition des *Annales Fuldenses*, p. 25, note 1.
(2) *Tr.*, Mémoire de Saint-Sauve, IV, c. 69). : « ... *anno quarto decimo Christo propitio* imperii Ludovici Augusti... in ipso regis palatio.... petiit et obtinuit Georgius presbyter ab Einhardo abbate reliquias beatorum Christi Marcellini et Petri ».
(3) *Tr.*, Mém. de Saint-Bavon, IV, c. 76 : « ... anno ab incarnatione Domini Nostri Jesu-Christi octingentesimo vicesimo octavo ».
(4) *Martyrologe de Saint Bavon* : « 828 : reliquie S. Marcellini delate sunt ad monasterium S. Bavonis Gandensis. » — *Annales S. Bavonis Gand.*, « Eynardus... qui anno 828 reliquias SS. Marcellini et Petri ibidem transmisit ». (*Mon. Germ., Script.*, II, 185)
(5) II, *op. cit.*, p. 394, n. 44.
(6) Puisque les *Annales* n'ont pas la valeur d'un texte personnel.

l'erreur des Bollandistes (1). Cette mention chronologique supposée inexacte n'est pas fournie par Einhard lui-même ; il serait coupable, tout au plus, de n'avoir pas corrigé en transcrivant le mémoire de l'abbé Georges, l'erreur de celui-ci. La date précisée par l'abbé de Saint-Sauve s'applique, non pas aux miracles accomplis après le don des reliques (juillet 828), mais à la demande qu'il avait adressée à Einhard dans le palais et à la promesse que celui-ci lui avait faite (2); or, Einhard était au palais dans les derniers jours de janvier 828. Si l'abbé Georges compte les années à partir de l'avènement de l'empereur, l'année 28 janvier 827-28 janvier 828 est bien la quatorzième du règne de Louis le Pieux. S'il emploie le style vénitien (Venise était son pays d'origine), il fait commencer l'année au 1ᵉʳ mars. Si l'on prend pour point de départ le 1ᵉʳ mars 814, en négligeant le temps qui avait précédé le début de l'année, l'abbé Georges a encore le droit de désigner comme la quatorzième année du règne de l'empereur l'année qui va du 1ᵉʳ mars 827 au 1ᵉʳ mars 828 (3).

Cette date initiale de la *Translation* permet de déterminer l'époque des différents séjours d'Einhard à la cour, et celle de la composition de l'écrit.

Mais ce n'est pas sans peine, par suite de la négligence d'Einhard, lorsqu'il s'agit de dater les faits dont il parle, et de la composition de l'ouvrage, très confuse, parfois presque incohérente.

Cette négligence au sujet des dates se marque tout d'abord par le caractère vague des indications de temps (4). S'il précise, c'est qu'un souvenir religieux ou personnel l'y aide : il notera que ses envoyés sont arrivés à Saint-Médard le jour des Rameaux (5), et que le miracle de

(1) D'après DOM BOUQUET (VI, 273), en particulier TEULET (II, p. 390, n. 44); KURZE (*Einhard*, p. 61); WAITZ, *Mon. Germ., Script.* (XV, 1 p. 259, n. 1)
(2) *Petiit et obtinuit...* (*Tr.*, IV, c. 69).
(3) L'observation serait la même s'il employait le style de Pâques.
(4) Eo tempore... quadam die... post aliquot dies... post paucos dies... sub idem fere tempus... eodem fere tempore.
(5) In die Palmarum (*Tr.*, II, c. 26).

Prosper a eu lieu le jour de la naissance des bienheureux martyrs (1).

Il ne se soucie nullement d'établir la suite chronologique des faits. La *Translation* est divisée en 4 livres (2). Le premier [c. 1 à 21] contient le récit de la translation des reliques de Rome à Michelstadt. Le second, [c. 22 à 33] l'épisode des reliques volées par les envoyés d'Hilduin et une suite de miracles. Le troisième, [c. 34 à 59] le récit des miracles opérés à Mülheim. Le quatrième, [c. 59 à 94] le récit des miracles opérés à Aix-la-Chapelle et dans les abbayes auxquelles Einhard avait donné une partie de ses reliques, ainsi que les miracles de saint Hermès (3).

La composition ne suit donc pas l'ordre des évènements : les deux premiers livres ont le libre développement de souvenirs personnels, les derniers ont l'allure d'un ouvrage d'édification. Einhard lui-même annonce qu'il raconte les miracles à mesure qu'ils se présenteront à sa mémoire « parce que c'est l'événement et la cause qu'il faut considérer plutôt que la date précise » (4). Il est donc surtout guidé par le désir de ne rien sacrifier de ce qui peut faire briller la gloire des saints. D'où la division : d'abord les miracles de Mülheim, parce que c'est leur lieu d'élection, puis les miracles de l'oratoire d'Aix, qui marquent la satisfaction des saints d'être revenus dans les

---

(1) *Tr.*, III, c. 54. — Il dira que son notaire a mis 6 jours pour aller de Pavie à Saint-Maurice (*Tr.*, I, c. 13); et le temps qu'il met pour aller d'Aix à Mülheim, 16 jours ou 7 jours, selon les cas, ce qui n'a d'autre intérêt que de marquer le temps qu'on mettait à faire un chemin déterminé au IXe siècle.

(2) Cette division a été respectée par Surius et par Waitz. Teulet reproduit la division en 10 livres faite par les Bollandistes « pour faciliter la lecture d'un ouvrage d'une monotonie fatigante. »

(3) Cette division ne concorde pas exactement dans les 2 manuscrits :

Manuscrit de Metz.	*Manuscrit du Vatican.*
I Explicit liber I.	I ?
II Explicit liber II; incipit liber III.	II Explicit liber I de virtutibus SS. Marcellini et Petri.
III Explicit liber III.	III Incipit praefatio libri secundi.
IV Explicit liber IV.	IV Explicit liber II; incipit liber III.

(4) *Tr.*, III, 37.

mains d'Einhard ; enfin, les miracles accomplis dans les divers monastères.

Non seulement ce mode de composition ne facilite pas la détermination de la suite chronologique des faits, mais il la complique. Le troisième livre est rattaché aux deux premiers, seulement par quelques expressions vagues. Il commence par un passage qui a le caractère d'une préface et d'une répétition (1). D'une préface, parce qu'Einhard y rappelle le nom des martyrs, leur translation, ce qu'on sait déjà surabondamment; et annonce le plan qu'il a l'intention de suivre dans le récit des miracles, comme s'il allait en parler pour la première fois (2). D'une répétition, parce que le récit reprend où Einhard l'avait laissé dans le 1er livre. Le miracle de Daniel, qui terminait ce premier livre, est longuement et fidèlement reproduit. Einhard ne semble pas se souvenir qu'il vient de le raconter. Ce sont les mêmes circonstances (un double service divin en plein air), peut-être un peu plus résumées dans le second récit; les mêmes détails dans l'exposition du miracle, avec quelques différences d'expression (3). Les variantes les plus sensibles sont l'addition d'un second miracle qu'Einhard n'avait pas noté la première fois, et surtout l'omission, dans la version du troisième livre, du passage ému où il évoquait la sérénité limpide et l'exquise

(1) *Tr.*, III, c. 35.
(2) Or, chemin faisant, on a déjà eu la vision du serviteur de Ratleik (I, 4), le miracle de la châsse saignante (I, 6), la vision de Roland (I, 17), le miracle de Ruodlang (I, 19), le miracle de Daniel (I, 20); puis dans le IIe livre, une allusion, assez vague à la vérité, aux miracles de l'oratoire (c. 28) : « Videres ibi pene omnia infirmitatum genera per virtutem Christi Domini et per meritum beatissimi martyris, in omni sexu et aetate curari. Caesis visus, claudis incessus, surdis auditus, mutis sermo redditur ; paralytici etiam, et qui totius corporis viribus destituti alienis manibus ». Les seuls miracles précisés sont celui de la paralytique (II, c. 29) ; la réconciliation de deux adversaires (II, 30), et la vision de Landolph (II, 32, 33).
(3) Dans la première version (I, c. 20), Daniel est désigné comme un « puer annorum circiter quindecim » venu avec des mendiants. Dans la deuxième version (III, c. 33), c'est un « adolescens » venu avec des mendiants et des pélerins.

douceur du ciel calme, lors de la belle journée d'hiver, aussi belle qu'une journée de printemps, où les reliques arrivèrent à Mülheim (1).

Cette relation du troisième livre, qui reprend les faits à partir du 17 janvier 828, sans faire aucune allusion au séjour d'Einhard au palais dans l'hiver de 828, est une première cause d'incertitude pour la date des miracles et par suite pour la détermination des époques où Einhard était présent à Mülheim ou à Aix.

Une seconde cause de confusion, dans ce troisième livre, c'est la quadruple mention, sous des formes différentes, d'un même séjour à Aix-la-Chapelle : là encore, il se répète sans paraître s'en douter, ce qui n'est pas sans importance, car, si on prenait ses indications au pied de la lettre, la date et le sens des évènements auxquels il fait allusion se trouveraient singulièrement modifiés (2).

Une première fois, après l'arrivée des reliques à Mülheim il note son départ (3). C'est donc un premier séjour à Aix, de la fin de janvier 828 au mois de juin 828. La mention de ce premier séjour est suivie de l'épisode de la restitution d'Hilduin (II, 22 à 33) et Einhard note lui-même son retour à Mülheim en juin 828 (4).

La mention d'un nouveau départ (5) marque un second

---

(1) *Tr.*, I, c. 20 : « Facta sunt haec decimo sexto kalendas februarias, et erat ejus diei tanta et tam clara serenitas, ut aestivi splendorem solis adaequaret; atque ipsius aeris tam mitis atque jucunda tranquillitas, ut veris temperiem apricitate blanda praecederet ».

(2) Les historiens d'Einhard, en particulier BACHA, *Etude sur Eginhard* (Liège, 1888), qui a dressé avec soin la chronologie des évènements rapportés dans la Translation, ne semblent pas avoir attaché d'importance à cette confusion des voyages.

(3) *Tr.*, I, c. 21.

(4) Il part le 17 janvier 828, arrive à Aix dans les derniers jours de janvier, puisqu'il mettait rarement plus de sept jours pour aller de Mülheim à Aix (Teulet, II, *lettre XIV*); il y reste jusqu'après Pâques 828 ; Hilduin lui restitue les reliques ; huit jours après, elles sont reportées à Mülheim en juin 828, et sont réunies aux autres cendres en nov. 828.

(5) Cette mention est reproduite quatre fois :

Tr., II, c. 31 (Teulet, II, p. 240) : « mense novembrio ad palatium ire parantes... »

séjour à Aix qui commence au mois de novembre 828. Ce départ est précédé des visions (c. 32, 33) pour la réunion des cendres ; d'un groupe de miracles, dont les deux premiers (c. 35, 36) sont des répétitions des derniers miracles du Ier livre, et les suivants, des miracles sans date précise accomplis à Mülheim (c. 37 à 43), qui ont dû se passer, d'après le texte, entre juin et novembre 828 ; un troisième groupe comprend des miracles accomplis sur la route (c. 44, 45) lors du second départ d'Einhard en novembre 828. Viennent ensuite les importants miracles de Mülheim (c. 46 à 51) qui ont eu lieu pendant son absence de 828-829, et d'autres miracles qui ont eu lieu en sa présence (c. 52 à 55), bien qu'il n'ait pas noté son retour et les raconte sans transition (1).

Une fois encore (2), il note un nouveau départ pour un troisième voyage hivernal, et si, logiquement, on pense à l'hiver de 829-830 qui suivit le séjour de l'hiver précédent, il semble cependant qu'on pourrait fixer ce voyage dans l'hiver 830-831 à cause de deux synchronismes.

Einhard note ce troisième départ après le miracle de Prosper (3). Or, ce serf sourd et muet, guéri par les bienheureux le jour de leur nativité, était portier dans la mai-

---

II, c. 33, p. 244 : « ad comitatum, *sicut superius* me facere voluisse retuli, ibidem hiematurus..... »

III, c. 44, p. 268 : « cum ego mense novembrio, secundum consuetudinem in palatio hiematurus, ad comitatum ire disponerem..... »

III, c. 46, p. 272 : « igitur inde digressus, *sicut superius* dixi ad comitatum perrexi. »

Il faut identifier ces quatre mentions, ce qui s'impose pour les deux premières et les deux dernières. Einhard arrive au palais vers le milieu de novembre 828. Ellenhard part d'Aix un mois après vers le milieu de décembre. Il arrive à Mülheim vers la fin de décembre, y reste cinq jours, revient à Aix rendre compte de sa mission vers le début de janvier, suivi de près par Ratleik, qui vient lui-même apporter le message de l'ange Gabriel, qui date des derniers jours de déc. 828 ou des premiers jours de janvier 829, ce qui concorde très bien avec les évènements politiques de l'hiver 828-829.

(1) Il est au palais : il raconte longuement et avec commentaires, ce qui ne lui est pas habituel, les miracles d'Aubri et de Wiggon ; puis, brusquement, sans indiquer son retour, ce qu'on attendrait, il reprend la suite des miracles de Mülheim en qualité de témoin oculaire.

(2) « ..... mense decembrio, in ipsis kalendis. » (*Tr.*, III, c. 56.)

(3) *Tr.*, III, c. 54, 55.

son du gardien de l'église depuis trois ans : *ante triennium*. Comme l'église abritait les saints depuis trois ans, il s'agit du mois de juin 830, et le départ qui a suivi ce miracle ne peut se placer qu'au mois de décembre 830 (1).

Une seconde observation d'Einhard confirmerait assez justement cette date ; c'est une allusion à un fait antérieur dont l'époque peut être fixée d'une manière très précise. Lors du troisième départ, sur le chemin boueux, les serviteurs d'Einhard, aveuglés par les brumes, s'égarent et retrouvent leur chemin grâce à une croix qu'on avait élevée sur la route à l'endroit où, rapportant d'Aix les reliques volées, il avait rencontré une procession venant au devant de lui *plus de deux ans auparavant : ante biennium*. Comme il a rapporté d'Aix les reliques en juin 828, le voyage qui a eu lieu plus de deux ans après doit se placer après le mois de juin 830 (juin 828 + 2), c'est-à-dire au mois de décembre 830. Si imprécis que soit Einhard quand il cite des dates, et bien que l'expression « ante biennium » soit une expression toute faite, il est difficile d'admettre qu'il ait désigné comme une période de plus de deux ans l'espace qui s'est écoulé entre le mois de juin 828 et le mois de décembre 829 (2).

Malgré une abondance d'indications chronologiques

---

(1) Par une contradiction dont il ne s'est pas aperçu, Bacha (*op. cit.*, p. 81) s'appuyant sur la phrase d'Einhard « puer qui ante triennium illuc venerat » marque le miracle de Prosper les 1er et 2 juin 830 (p. 80), tout en datant le 3e départ, qui a évidemment eu lieu *après* ce miracle, au 1er décembre 829.

(2) On pourrait s'étonner qu'Einhard ait mentionné un premier séjour à Aix dans l'hiver 827-828, un second dans l'hiver 828-829, un troisième dans l'hiver 830-831, laissant de côté l'hiver de 829-830. Cette lacune, qui pourrait s'expliquer par la prudence d'Einhard, peu désireux de rappeler une époque de troubles qui précéda immédiatement la révolution de 830, peut s'expliquer autrement encore : après la relation du séjour à Aix en 828-829, il semble y avoir une brusque solution de continuité dans la *Translation* ; les détails relatifs à cette année ont peut-être été perdus ou supprimés. On peut remarquer encore qu'il ne va à Aix cette année-là qu'au mois de décembre, plus tard que d'habitude. Or, en 830, avant de se retirer à Aix pour l'hiver, Louis le Pieux avait tenu une grande assemblée à Nimègue qui avait dû retarder la réunion annuelle des fidèles à Aix. Tout concorde donc à prouver que le troisième séjour dont il parle doit être placé dans l'hiver de 830-831.

inusitée, le IV⁰ livre (1), qui rapporte les miracles d'Aix de Pâques 828 et contient les mémoires des divers monastères favorisés par des dons de reliques, n'est d'aucune utilité pour la détermination de la suite chronologique des faits (2).

La date des derniers miracles de saint Protus, de saint

---

(1) *Tr.*, IV, c. 60 à 90.

(2) Deux de ces mémoires sont de brèves notices, transcrites textuellement par Einhard, d'après son propre témoignage, tout au moins pour les monastères de Saint-Bavon et de Saint-Sauve (IV, 69, 76). Pour ce dernier, il n'en faudrait pour preuve que la double relation du miracle de Saint-Sauve. Einhard le raconte une première fois (IV, c. 68), d'après la relation verbale du prêtre Georges, qu'il avait eu soin de consigner par écrit et qu'il embellit en la rapportant. Cette première version porte sa marque personnelle par la vivacité dramatique du dialogue et l'évocation pittoresque des clameurs de la foule, prête à retenir par la force les cendres sacrées quelques jours de plus. Tout cet élément littéraire disparaît dans la seconde version, copiée sur le mémoire de l'abbé Georges, mais, en revanche, on y trouve certains détails que l'abbé de Saint-Sauve avait pris soin de consigner : le nom du diacre Théothard, qui avait eu l'honneur de porter les reliques ; la générosité de l'empereur qui lui avait donné Saint-Sauve en bénéfice, et le mérite qu'il s'était acquis auprès des saints en renfermant leurs cendres dans une châsse ornée d'or et de pierres précieuses.

Les miracles de Saint-Servais sont rapportés assez singulièrement par Einhard. D'après ses propres paroles : *cujus textus si bene recolo, in hunc modum videtur esse compositum* (IV, c. 81), il semble les exposer, sans avoir la relation écrite des moines sous les yeux, et même en ayant à faire un effort de mémoire pour se la rappeler. Or, le développement des miracles est tout à fait analogue à celui des miracles du III⁰ livre. On y trouve une abondance de détails étrangère aux deux relations précédentes, et qui rappelle absolument les miracles de Mülheim et d'Aix (le sang, les chutes, les coups de poing mystérieux, les cierges qui s'allument tout seuls), et, chose curieuse, le récit est à la première personne du pluriel, comme s'il était fait par les moines eux-mêmes. Si Einhard a copié leur relation, pourquoi donne-t-il à entendre qu'il écrit de mémoire ? et comment se fait-il que ces moines aient, à se méprendre, son ton et son style ? S'il ne l'a pas copiée, pourquoi le récit est-il à la première personne du pluriel ? Il faut, pour expliquer ce pronom déconcertant et cette étrange ressemblance, admettre qu'Einhard, entraîné par l'ardeur de la composition, s'est substitué aux moines dont il rapportait les impressions, et a brodé, sur le souvenir des faits transmis, des développements littéraires qu'il avait déjà utilisés pour ses propres miracles.

Hyacinthe (1) et de saint Hermès (2) ne peut être considérée comme donnant le moment approximatif où fut écrite la *Translation*. En effet, les derniers passages du IV⁰ livre (c. 90. à 93) où ils sont racontés, ont le caractère d'un morceau un peu détaché, et débutent par une petite préface préparatoire, destinée à relier ces derniers miracles à ceux qui précèdent. Einhard y raconte comment les nouveaux saints lui furent apportés par Deusdona et son ami Sabbatin au moment où le pape Grégoire IV faisait faire des recherches dans les anciens cimetières suburbains pour transporter les dépouilles vénérées des martyrs dans l'église de Saint-Marc. Cette translation qui fit beaucoup de bruit dans la chrétienté dut avoir lieu vers 834 ; comme c'est alors que l'église de Mülheim s'enrichit des dépouilles des nouveaux saints, les miracles de saint Hermès doivent donc dater seulement du 28 août 834 et ces derniers passages n'ont pu être écrits qu'à cette époque (3).

Ce caractère décousu de la *Translation* permet de conclure qu'elle a été écrite par Einhard à différentes époques au fur et à mesure des évènements (4).

---

(1) Voy. p. 35, n. 1.
(2) Martyr de Rome, mort en 116 (?), célébré le 28 août. *Bibliotheca hagiographica latina antiquae et mediae aetatis* (1898-1903), I, p. 575.
(3) Les évèques profitèrent de cette occasion pour tâcher de se procurer des reliques. Le pape en accorda à Hitto, un des abbés de la Frise (*Mon. Germ., Script.*, XV, partie I, p. 286, *Transl. de saint Alexandre et de saint Justin*). C'est alors probablement que se place la lettre de Grégoire IV à Otgar de Mayence, au sujet des reliques demandées par cet évêque, où Grégoire parle des églises nouvellement dédiées par lui et contenant des reliques des saints (*Mon. Germ., Epist.*, III, p. 71).
La *Translation* montre précisément à cette époque les pèlerins se pressant en foule dans la catacombe de saint Hermès pour y vénérer saint Protus et saint Hyacinthe. Voy. Jean Guiraud, *Le culte des reliques au IX⁰ siècle (Mélanges G-B. de Rossi*, t. XII, 1892, p. 81 et 85).
(4) La plupart des critiques admettent cette composition progressive de la *Translation*, mais ils la font commencer en 830 et finir en 830 ou 831, ce qui semble doublement inexact. Kurze (*Einhard*, p. 50,) en marque l'achèvement après le 28 août 830, date des miracles de saint Hermès (qui ont dû avoir lieu en 834 et non pas en 830. — Bacha (*Eginhard*, p. 54), recule la date jusqu'en 831, parce qu'il place à ce moment la construction d'une nouvelle basilique dont Einhard ne parle pas dans la

Les deux premiers livres, qui forment un tout complet et ont un caractère polémique et apologétique nettement marqué, ont dû être écrits tout de suite après la translation des reliques à Mülheim et la restitution des reliques volées par Hilduin. C'était en effet pour Einhard une nécessité immédiate de défendre l'authenticité de ses reliques et il ne dut pas attendre 830 pour dissiper les bruits calomnieux qui couraient *pene per totam Galliam* (1); le second livre trahit une indignation toute fraîche ; de plus, ces deux livres n'ont pas pu être écrits en même temps que le troisième qui a le caractère d'un tout isolé, débute par une préface, répète des évènements déjà racontés dans le premier livre, ce qui ne se comprendrait guère si le deuxième et le troisième avaient été écrits en même temps; Einhard a donc dû composer ces deux livres dans l'été de 828, et finir le second à la fin de 828.

Le III⁰ et le IV⁰ ont dû être écrits vers 830-831. Cette date est fournie d'abord par la mention de son dernier séjour au palais, qui est de 830 ou de 831, et ensuite par un rapprochement (2) avec sa correspondance. Le chapitre XXXIX de la *Translation* et la lettre XLI font allusion aux prédictions de l'aveugle Aubri dans des termes analogues (3). Cette même allusion prouve donc que la lettre et ce chapitre de la *Translation* ont été écrits vers le même temps. Or, la lettre rappelle que les prédictions ont été faites *deux ans auparavant*. Comme les prédictions sont de décembre 828, la lettre a été écrite vers les derniers mois de 830, ainsi que le chapitre XXXIX. La fin du IV⁰ livre a dû être ajoutée aux autres vers 834.

Translation. — La plupart des critiques tenaient à fixer la composition de la *Translation* d'Einhard en 83o, parce que la coïncidence entre sa retraite et l'interruption des *Annales regni Francorum* était un des plus forts arguments invoqués pour lui attribuer la rédaction de ces *Annales*. Depuis que d'autres arguments ont montré qu'elles n'étaient pas de lui, Kurze s'est rallié à cette opinion (*Einhard*, p. 36, n. 3) ; mais la conviction que la *Translation* avait été écrite en 83o a survécu à l'abandon de la théorie erronée qui l'avait fait naître.

(1) *Tr.*, II, c. 25.
(2) Signalé par la plupart des biographes d'Einhard.
(3) *Tr.*, III, c. 39 | Teulet, II, 74, *lettre XLI*.
« ex quibus pleraque *nunc* implere cernimus. » | « Omnia quae *nunc* in hoc regno geruntur. »

La date de la composition de la *Translation* ne permet donc pas de fixer le moment où Einhard s'est retiré des affaires publiques, comme on l'a affirmé (1) en s'appuyant sur un passage du Ier livre, où il parle du temps où il était encore à la cour, occupé des affaires mondaines. S'il parle ainsi, dit-on, c'est qu'il écrit à un moment où il n'est plus à la cour ; or, il écrit en 830 ; donc, il s'est retiré en 830. Comme le Ier livre a été vraisemblablement écrit avant 830, à un moment où il était encore au palais, le *adhuc in palatio positus* (2) signifie tout simplement qu'il parle d'un temps où il était attaché au palais par des devoirs plus étroits que ceux qu'on connaît, et n'a donc pas la valeur qu'on lui a attribuée : on verra plus loin qu'on n'a nulle raison de considérer l'année 830 comme marquant la fin de la carrière politique d'Einhard (3).

IV

L'ouvrage d'Einhard a été écrit à un moment où les pérégrinations des reliques romaines excitaient les convoitises des églises d'Occident, et où les grands synodes avaient provoqué, chez les évêques et les abbés francs des discussions passionnées sur la légitimité du culte des saints et sur l'adoration des signes sacrés comme la croix. La *Translation des saints Marcellin et Pierre* d'Einhard, étant données les circonstances, a le caractère d'un triple plaidoyer : pour l'authenticité de ses reliques, la légitimité de l'adoration des martyrs, la vérité de ses miracles. Aussi, elle fournit d'intéressants détails sur le culte des reliques au IXe siècle, sur la manière dont on se les procurait, sur les querelles qui s'élevaient à leur sujet entre les possesseurs de reliques rivales. Elle éclaire d'un jour très curieux la foi des contemporains d'Einhard et d'Ein-

---

(1) Kurze, *Einhard*, p. 60 ; Teulet, I, *Préface* p. xviii.
(2) *Tr.*, I, c. 2.
(3) Voy. p. 81.

hard lui-même. Certains passages, complétés par le *De adoranda cruce*, prouvent l'intérêt qu'il portait à ces questions religieuses et permettent de deviner son opinion sur quelques-unes d'entre elles. On peut seulement la deviner ; le caractère vague et ambigu des allusions d'Einhard sur ce point, comme sur les affaires politiques, a évidemment pour cause la crainte de se compromettre, en citant des noms ou en précisant des faits : mais il est certain qu'on peut compter parmi ses nombreuses aptitudes intellectuelles et artistiques un goût très marqué pour la théologie. On le savait dans son entourage. Sans parler de la consultation de Loup de Ferrières sur l'*adoration de la croix*, un clerc théologien, en correspondance avec Louis le Pieux, s'adressa à lui un jour, au sujet de la Trinité avec une crainte respectueuse très significative (1). Il était donc considéré à la cour comme un maître en ces matières : ce n'est pas un des moins curieux aspects de cette physionomie si variée.

Les deux premiers livres de la *Translation*, qui racontent l'acquisition des restes des saints Marcellin et Pierre, et les complications qui s'ensuivirent, mettent en relief tout d'abord le caractère primitif et matériel de l'adoration des reliques, qui légitimait les violations des tombeaux, la dispersion et le vol des cendres sacrées, les étranges vicissitudes qu'on leur faisait subir sans le moindre scrupule et malgré tout, l'ardeur d'une foi sincère et passionnée, en dépit de son origine assez complexe.

Au IXe siècle, le temps n'était plus où Grégoire le Grand s'étonnait qu'on osât lui demander les restes des Apôtres, et où c'était un crime sévèrement puni que de troubler les cendres des martyrs (2). Le respect de la mort ne

---

(1) *Ep. variorum supplementum*, dans *Mon. Germ.*, *Ep.*, III, 615-616 : Clericus quidam Ludovico Pio imperatori ac simul Einhardo de Sancta Trinitate exponit, quam in hominis animae triplicem naturam applicare vult

« ... Einharde ! Si hec legas, non mireris, si forte invenias errantem, sed magis volo mireris, si aliquid a me recte dictum videas ».

(2) Grégoire de Tours, VII, 31, éd. Collon, p. 30.

pouvait prévaloir sur le désir avide de posséder les restes des saints, qu'on se disputait avec un pieux acharnement.

Depuis le viie siècle les papes avaient fait enlever peu à peu le corps des martyrs des cimetières suburbains et les avaient fait transporter à Rome. La première de ces translations datait du pape Théodose (642-648) (1). Mais l'enthousiasme primitif, malgré les *Gestes* des martyrs répandues au vi[e] et au viie siècle, s'était beaucoup ralenti. Paul Ier (pape en 757) pouvait se plaindre dans sa *Constitution* du 2 juin 761 que depuis les invasions, les cimetières étaient transformés en étables et en bergeries, et déclarer indispensable le transport à Rome des martyrs confesseurs et des vierges du Christ. Au début du ixe siècle, comme les cryptes tombaient en ruines, Pascal Ier dut faire transporter, le 20 janvier 817, dans l'intérieur de la ville, 2300 corps, et les répartit entre les diverses églises (2). Aussi, dès cette époque, s'étaient multipliés les efforts des abbés et des évêques pour avoir leur part des dépouilles des martyrs. Mais il n'était pas facile de s'en procurer. Les Romains, par dévotion comme par intérêt, défendaient jalousement leurs saints et s'opposaient, autant que possible, à l'émigration étrangère. Il fallait donc s'efforcer d'obtenir une concession officielle des papes : tel fut le cas pour les reliques de saint Sébastien, confiées à l'abbé de Saint-Médard, Hilduin. Sinon, il fallait recourir à de véritables courtiers en reliques, qui, probablement, au cours des translations romaines, avaient su se ménager dans les catacombes un fonds de réserve pour l'avenir, ou avaient réussi à se faire une collection particulière. Ces courtiers en reliques savaient fort bien exploiter les croyances, les intérêts et même les faiblesses des abbés francs. C'est précisément à l'aide de la *Translation* d'Einhard qu'on a pu déterminer la curieuse physionomie de l'un d'entre eux, le diacre Deusdona, auquel il s'était adressé (3), et c'est grâce aux rapports qui s'établirent

---

(1) *Liber pontificalis*, éd. Duchesne, I, 332, 360.
(2) Voy. Dufourcq, *Gesta Martyrum romains*, p. 390 et suiv.
(3) L'étude a été faite par J. Guiraud, *Le culte des reliques au IXe siècle* (Mélanges G. B. de Rossi, supplément aux *Mélanges de l'École française de Rome*, t. XII, 1892), p. 73.

entre ce diacre et Einhard que nous avons des renseignements sur les violations des sépultures sacrées, sur les contestations soulevées par l'authenticité des reliques, qui pouvait facilement être mise en doute, et sur les rivalités qui surgissaient au sujet de leur possession.

Le diacre Deusdona, probablement le plus connu des courtiers du temps, s'était engagé à fournir des reliques à Einhard, ainsi qu'à l'abbé de Saint-Médard, Hilduin. Il était parti avec le notaire d'Einhard, Ratleik, et un prêtre de Soissons, Hunus. — Que se passa-t-il pendant le voyage et le retour? Il est difficile de le démêler. En tout cas, Hunus, au retour, pouvait se vanter d'avoir rapporté à Saint-Médard les reliques des saints Marcellin et Pierre, et Einhard était obligé de se les faire rendre solennellement par Hilduin. Comme celui-ci continuait sans doute (comme ce sera la tradition à Saint-Médard) à prétendre qu'il possédait les restes des martyrs, Einhard voulut faire appel à l'opinion, et démontrer par la preuve évidente — les miracles — que la perfidie de Deusdona et la mauvaise foi d'Hilduin avaient été vaines et que les restes sacrés reposaient bien à Seligenstadt.

Tout le récit de l'expédition à Rome, coupé, embarrassé, trahit le désir, sans altérer trop la vérité, de dissimuler la véritable origine des reliques, en prêtant à leur acquisition un caractère surnaturel.

Il glisse d'abord très habilement sur le vrai métier de son intermédiaire : « Deusdona, dit-il, était venu en France pour ses affaires » (1), qu'il ne précise pas. C'est par hasard qu'il l'a invité à dîner *humanitatis causa*, et, ajoute-t-il, avec une insistance un peu maladroite, *velut peregrinus*, comme s'il se défendait d'avance de l'avoir invité en sa qualité de courtier. C'est par hasard qu'on en vient à parler des reliques et de son désir d'en posséder comme Hilduin. Il y a là chez lui un effort pour dissimuler la vérité, car il ne pouvait guère ignorer le métier de Deusdona, qui était le fournisseur attitré des églises franques, avait une maison très bien montée, un fonds de commerce aussi varié que précieux, des agents chargés de faire des tournées et de porter les reliques à leurs des-

(1) *Tr.*, l, c. 2.

tinataires. Il devait l'ignorer d'autant moins que Deusdona comptait parmi ses familiers, d'après le témoignage de Rudolf, qui se trouve confirmé par les faits : Deusdona et son frère Lunison étaient à Mülheim, en 828 ; le diacre continuait à y envoyer des reliques entre 830 et 834, celles de saint Protus et de saint Hyacinthe (1), et appor-

(1) Deusdona, là encore, abusa de la crédulité d'Einhard et, pour saint Hyacinthe tout au moins, lui envoya des reliques très peu authentiques. Protus et Hyacinthus (*Bibliotheca hagiographica latina*, II, 1015), célébrés le 11 sept., martyrs à Rome sous Valérien, reposaient dans deux cryptes souterraines de la catacombe de saint Hermès. Au moment de la translation des reliques d'Hermès à Saint-Marc, ils durent continuer à dormir en paix, car ce fut seulement vers le milieu du ixe siècle qu'on plaça la tête de saint Protus avec celle de saint Sébastien et de sainte Praxède sur le maître autel de l'église des Quatre-Couronnés (Marucchi, *Eléments d'archéologie chrétienne*, III, 227), et qu'on donna son corps à Saint-Sauveur du Transtévère, près de Ponte-Rosso, d'où il fut transporté à Saint-Jean de Florence, en 1592, sous Clément VIII, ce qui permit aux Florentins de s'imaginer qu'ils possédaient les corps des deux martyrs (Bruder, *Die heiligen Martyrer Marcellinus und Petrus*, p. 197). Or, le tombeau inviolé de saint Hyacinthe a été retrouvé intact en 1845, par le P. Marchi. Il constata, dans la chapelle de la catacombe d'Hermès, l'existence d'un tombeau fermé par une pierre sur laquelle était gravée l'inscription suivante :

III IDUS SEPTEBR.
YACINTHUS MARTYR.

Dans la poussière, on découvrit un fragment de dalle de marbre sur lequel on lisait encore une partie de l'inscription damasienne : *Sepulchrum Proti M......* L'autre fragment avait été porté à l'église des Quatre-Couronnés et placé à la droite de l'abside. On n'avait pas retiré le corps de saint Hyacinthe, lors de la translation de son compagnon, pour une raison facile à expliquer. Lors des travaux exécutés dans la catacombe par les papes Damase ou Symmaque, le tombeau de saint Hyacinthe avait été encastré dans un pavage nouveau, en tuf et en ciment romain, dur comme de la pierre. Pour ouvrir la tombe, il aurait fallu briser le pavage, ce qui aurait compromis la solidité de la fragile muraille de tuf, qui s'écroula d'ailleurs lors de l'ouverture du tombeau, par le P. Marchi. On y retrouva des ossements à demi calcinés, entremêlés de filets d'or, provenant d'un suaire d'étoffe précieuse ; ils furent immédiatement transportés dans la basilique de Saint-Paul-hors-les-Murs (Northcote Spencer : *Rome souterraine*, résumé des découvertes de Rossi, 1872, trad. Allard, Appendice, p. 467). — Deusdona, qui avait peut-être pu prélever, avant la translation de Léon IV, quelques os de saint Protus pour sa collection particulière, n'avait donc pas pu en faire autant pour saint Hyacinthe.

tait lui-même celles de saint Hermès, ce qui est un peu surprenant, étant données les accusations de perfidie qu'Einhard lui prodigua, et qui auraient dû lui faire perdre toute confiance en lui (1).

Cependant, sans s'en douter, grâce à la fidélité naïve de son récit, Einhard montre Deusdona dans toute l'activité de ses tournées commerciales. Ce *peregrinus*, invité par hasard, semble très bien renseigné sur la fortune de ses clients. Il sait qu'Einhard possède deux mules, et que, par conséquent, il peut en réquisitionner une pour le service des futurs protecteurs de l'église de Michelstadt, sans compter l'argent nécessaire au voyage. Il use d'ingénieux artifices pour exciter la convoitise d'Einhard et ses hésitations savamment calculées, son ton mystérieux, sont des procédés d'habile négociant très expert dans l'art de relever ses services et d'augmenter sa récompense (2).

Le récit du séjour à Rome abonde de même en réticences et en contradictions d'où se dégage de plus en plus le souci de diminuer le rôle de Deusdona et d'attribuer à l'intervention divine la possession des cendres des bienheureux. Ce ne sont pas les reliques promises par Deusdona qui sont apportées à Michelstadt, mais des reliques bien plus glorieuses : avant même d'être arrivé à Rome,

---

(1) Plus tard encore, il dut le faire profiter des reliques qu'il apporta au monastère de Fulda, car on retrouve quelques-uns des saints, mentionnés dans l'écrit de Rudolf, dans une liste des reliques de Seligenstadt, contenue dans un vieil évangéliaire de l'abbaye, de la fin du xe ou du xie siècle : « Reliquie S. Proti, S. Yacinti, S. Marii et Marthe, Audifacis, Abacuch..., *Pudentiane, Concordie*, etc. » (*Neues Archiv*, XIII, 613).

(2) Cette récompense, sauf les frais de voyage, *viaticum pecunia* (*Tr.*, I, 3), Einhard n'en parle pas ; il met même une certaine affectation à en écarter l'idée et à présenter les envois de Deusdona comme des cadeaux : c'est une générosité bien invraisemblable. Le frère du diacre, d'après le témoignage même d'Einhard, sut se faire payer par Hunus les reliques volées « quatuor aureis nummis quinisque argenti solidis (*Tr.*, II, 25). Il est probable que Deusdona n'oublia pas de se faire rembourser, avec bénéfice, la somme d'argent qu'il avait dû donner aux gardiens de l'église de saint Hermès, pour se faire livrer par eux une articulation du doigt du saint (*Tr.*, IV, 93). Rudolf d'ailleurs, dans sa *Translation des reliques de Fulda*, note que le diacre retourna dans sa patrie *bien récompensé*.

un des membres de l'expédition est averti par un songe de la fourberie du diacre. Ratleik n'est plus un envoyé chargé de surveiller un personnage douteux ; ce n'est plus un simple violateur de sépultures : il est protégé par les saints qui lui désignent eux-mêmes, par l'entremise d'un personnage mystérieux, l'endroit où reposent leurs cendres (1).

Deusdona, dans le récit d'Einhard, n'a qu'une part très restreinte dans l'enlèvement des reliques ; il se trouve hors d'état de remplir ses promesses, parce que son frère a emporté à Bénévent reliques et mobilier, sans dire quand il reviendra. C'est seulement plus tard, au moment du départ, qu'il remettra à Ratleik des cendres de sainte Marthe, saint Audifax, saint Abacuc (2). Bien que l'idée première vienne de lui, c'est à son insu que Ratleik visite une première fois le tombeau de saint Marcellin ; son concours est indispensable pour l'ouverture de ce tombeau, parce que seul il avait « une connaissance exacte des lieux », ce qui a permis l'hypothèse très admissible qu'il était chargé de surveiller les tombes qu'il dépouillait (3). Mais le corps de saint Pierre est enlevé sans qu'il ait pris part à l'entreprise, qui met en lumière l'énergie dont Ratleik et ses compagnons ont fait preuve pour braver les dangers qui les menaçaient en cas de découverte (4).

(1) Ce récit rappelle nombre de traditions analogues où Dieu intervient, en personne ou par l'entremise de ses saints, pour faire des révélations fort opportunes. Voy. par exemple, un passage de la *Chronique de Marcellin* : « Lucianus presbyter vir sanctus, cui revelavit, Deus his consulibus, locum sepulcri et reliquiarum corporis sancti Stephani primi martyris, scripsit ipsam revelationem in graeco sermone ad omnium ecclesiarum personas » (*Mon. Germ., Auct. Antiquiss., Chronica Minora*, II, 72).

(2) Marius, Marthe, Audifax et Abacuc, martyrs de Rome sous Claude II, étaient célébrés le 19 janvier. Leur légende fut calquée sur celle des autres martyrs perses, Abdon et Sennen, venus de Perse à Rome, pour fuir les persécutions de leur pays. Marius, Marthe sa femme et leurs deux fils, d'origine royale, furent condamnés à mort, pour avoir secouru des chrétiens, enseveli des martyrs et confessé leur foi. Leurs corps, à demi brûlés, furent ensevelis par Félicité dans sa terre, le 13 des calendes de février (*Bibl. hagiographica latina*, II, 815. — AA. SS. : Jan., II, 216). — Dufourcq, *Etude sur les Gesta Martyrum*, p. 23.

(3) Guiraud, *Le culte des reliques au ixe siècle*, p. 78.

(4) Il s'agissait de violer la catacombe des saints Marcellin et Pierre,

Ainsi, le récit très habile d'Einhard donne le premier rôle à Ratleik, efface celui de Deusdona, et expose les

située sur la voie Lavicane à 3 milles de Rome ; cette catacombe, parfois désignée comme le *cimetière d'entre les deux lauriers*, portait aussi le nom de *sainte Hélène*, qui y fut enterrée ou celui de *sub Augusta in comitatu*, parce qu'elle n'était pas loin de la villa impériale de Constantin, qui y fit élever une basilique où, selon la tradition, saint Grégoire prononça sa 6e homélie.

Les saints d'Einhard y avaient été ensevelis avec d'autres martyrs de Dioclétien : saint Tiburce, saint Gorgon, les Quatre-Couronnés, martyrs d'identité obscure, et une quarantaine d'autres. Damase avait fait élargir les ouvertures et les passages de ce cimetière, creuser des escaliers, orner les cryptes, consolider les murs et les voûtes par des contre-forts de brique et de pierre et graver des inscriptions en vers (composées par lui) par un calligraphe, Furius Dionysius Filocalus ; il ne reste plus que quelques infimes fragments de ces inscriptions damasiennes. Au vie siècle, le cimetière, dévasté au moment des invasions, avait été restauré par le pape Vigile (537-555), qui y avait fait placer une plaque commémorative de ses travaux, aujourd'hui au musée de Latran. Hadrien Ier (772-795) y avait fait construire un escalier (*Lib. pontificalis*, p. 500, c. 42). Les ruines de ces catacombes, découvertes par Bosio en 1594, furent fouillées par lui avec grand soin. Il y découvrit une chapelle, qu'il considéra comme la crypte où avaient été ensevelis les martyrs, mais qui probablement fut la crypte de saint Gorgonius. La voûte était couverte d'une fresque du ve ou du viie siècle, représentant, à l'étage supérieur, le Sauveur parmi les apôtres saints Pierre et Paul, et, dans la zone inférieure, l'Agneau et la colline d'où jaillissent les fleuves symboliques, au milieu des quatre saints désignés par leur nom : Petrus, Marcellinus, Tiburtius, Gorgonius. Tous les quatre étaient représentés portant des habits dorés, la main droite étendue vers l'Agneau mystique, la main gauche froissant les plis de la toge, le visage jeune, sans barbe, d'un type primitif. De nouveau explorées par Rossi en 1852-1853, ces ruines, actuellement occupées par des vignes appartenant à des religieuses, attirèrent, en 1896, l'attention de Stevenson. Encouragé par la commission d'archéologie sacrée, il pratiqua des fouilles sous un petit édifice du ive siècle, qui servait d'oratoire aux religieuses, et qui se trouva être la chapelle de saint Tiburce. Ces fouilles amenèrent la découverte de la crypte historique des saints Marcellin et Pierre, et d'un escalier construit par Hadrien Ier, qui conduisait directement de l'oratoire de saint Tiburce à la crypte des martyrs. Celle-ci contenait l'emplacement du tombeau des deux saints qu'on avait isolé à une époque primitive, pour y élever un autel autour duquel la foule venait prier. En face, sur la paroi du mur, se trouvait un morceau de l'inscription damasienne, et, ce qui permit d'établir d'une manière certaine l'attribution de la crypte, on découvrit dans une cavité qui faisait vis-à-vis à l'entrée, une tablette de marbre sur laquelle étaient inscrits les noms des deux martyrs, Pierre et Marcellin. Les murs de cette crypte étaient couverts de nombreux *graffiti*

circonstances de la translation de façon à montrer que le vol des reliques commis par le prêtre Hunus est à la fois méprisable et odieux; méprisable, parce qu'il n'a pu dérober qu'une quantité infime des cendres sacrées, — odieux, parce qu'il ose les dérober, malgré la volonté des saints, désireux de choisir Mülheim pour y reposer à jamais.

Le IIe livre doit prouver précisément, qu'en dépit des efforts d'Hunus et d'Hilduin, les reliques volées ont été restituées presque immédiatement. L'intense indignation d'Einhard a prêté à cet épisode un caractère très personnel. Il reproduit minutieusement, et longuement, les aveux d'Hilduin, puis la version de Ratleik et de Lunison, qui contredit formellement celle de l'abbé de Saint-Médard. Ce qui domine tout d'abord dans son récit, c'est le souci de préserver au moins l'un de ses deux saints de toute atteinte profanatrice. Il note que Ratleik avait pris soin d'enfermer les cendres des deux martyrs dans des sacs séparés (1). Il s'efforce de prouver que la soustraction

---

de diverses époques et de diverses écritures tracés par les nombreux pèlerins qui venaient prier dans la crypte. Tantôt ils gravaient le nom des martyrs : celui de Tiburce est inscrit en grandes et grossières lettres, profondément marquées, dans une galerie placée à droite du tombeau de Marcellin et Pierre; tantôt, ils laissaient leurs propres noms en souvenir de leur visite : les murs fourmillent de noms grecs, latins, lombards. Enfin, ils inscrivaient sur les murs leurs prières, afin d'en perpétuer la durée. Ainsi, celle-ci implorait l'intercession des saints :

    MARCELLINE | PETRE PETITE
    p | RO GALL ·· | · | R
    c | RISTIANO.

Au dire des archéologues, pour déterminer l'emplacement, l'étendue, la disposition de la basilique constantinienne, élevée jadis sur cette crypte, et ses rapports avec l'oratoire de saint Tiburce, il faudrait étendre les fouilles à l'espace couvert de vignobles situé entre cette crypte et le mausolée de Sainte-Hélène. — Bosio, *Roma subterranea*, éd. d'Arringhi (1651), II, lib. IV, c. ix, p. 31; c. xiv, p. 47; BRUDER, *Die heiligen Martyrer Marcellinus und Petrus*, p. 66; MARUCCHI, *Eléments d'archéologie chrétienne*, I, 99, 117, 124, 230, 276. 323, II, 208; MARUCCHI, *Nuovo Bullet.*, 1898, p. 137 : Cripta storica dei SS. Pietro e Marcellino recentemente scoperta sulla via Lavicana.

(1) En fait la distinction devait être difficile à établir. Il ne s'agissait

s'est faite avant la découverte du corps de saint Pierre à Rome (et non à Pavie, comme le prétend Hunus) pendant que les cendres de saint Marcellin étaient confiées à Deusdona. Il affirme que dès l'origine, il s'était très bien aperçu que les cendres de saint Marcellin étaient moins considérables que celles de saint Pierre, ce qu'il avait attribué à la petite taille du saint. Toutes les fois qu'il parle des reliques volées, il a bien soin de spécifier qu'il s'agit des reliques de saint Marcellin seul. Une seule fois, revenant sur les miracles du palais d'Aix, il parlera des reliques *beatorum Marcellini et Petri* (1).

Ce qui frappe ensuite, c'est l'âpreté des rivalités qui existaient entre les possesseurs des reliques et qui rappelle, de loin, la lutte acharnée des anciennes villes grecques pour la possession des restes de leurs héros. L'habileté cauteleuse d'Hilduin, l'irritation d'Einhard sont très bien mises en relief grâce à la forme dramatique du récit (2). L'entrevue des deux abbés, au palais d'Aix-la-Chapelle, est une vraie scène de comédie. On voit le majestueux « Aaron » (3), archichapelain, abbé de Saint-

---

pas d'ossements, bien qu'Einhard parle à un moment de la *tête* de saint Marcellin, mais de cendres, *pulvis*..... (II, c. 25)..... *cineres* (II, c. 23, c. 25, c. 30.) puisqu'on pouvait les mesurer au setier.

(1) Tandis qu'Hilduin prétendait avoir reçu les reliques des deux saints (II, c. 23), Einhard ne parle jamais que de saint Marcellin : *corpus beati Marcellini... beati martyris cineribus* (II, c. 25), *reliquias beatissimi martyris* (c. 28). Le roi vient adorer *le saint martyr* (c. 29). Un miracle, à Aix, réconcilie deux ennemis pour l'amour *hujus sancti* (c. 30) ..... *reliquias sacras sancti Marcellini* (c. 32, c. 33). Dans les *Annales Fuldenses*, il ne parle que des cendres de saint Marcellin. Mais, autour de lui, la confusion était générale. Les reliques transportées d'Aix à Saint-Sauve étaient considérées par l'abbé Georges comme étant celles *beatorum Marcellini et Petri*. L'abbé de Saint-Sauve n'avait pas le même intérêt qu'Einhard à éviter la confusion.

(2) C'est un procédé littéraire ou plutôt une forme d'exposition qui lui est familière ; il affectionne les dialogues, même ceux qui ne sont guère vraisemblables, comme ceux des visions. Entraîné par l'intérêt des faits qu'il raconte, par l'émotion du moment, il enregistre les paroles mêmes des saints, les demandes et les réponses, avec une précision imperturbable ; son style y gagne d'ailleurs une vivacité pittoresque très personnelle.

(3) Walahfrid Strabo, *Mon. Germ., Poetae lat. aevi Carol.*, II, 376.

Médard et de Saint-Denis, grave et important, en face de l'irritable et impatient « Nardulus » (1), tout frémissant de colère et d'indignation à la pensée qu'on pouvait dire *per totam pene Galliam* qu'il ne restait plus qu'un peu de poussière dans ses coffres. On le voit s'emparer d'Hilduin, le pousser en pleine lumière, dans l'embrasure d'une fenêtre, engager la conversation sur les martyrs d'un air indifférent, pour tendre un piège à son adversaire, et lui jeter à la figure l'accusation de vol (2). Tout trahit la violence de la querelle : les paroles sèches et hautaines par lesquelles Einhard répond aux explications apologétiques d'Hilduin ; la défiance (3) qu'il montre au moment de la restitution, la rancune qu'il garda contre Hilduin, l'amertume concentrée avec laquelle il raconte comment Louis le Pieux fut dissuadé d'aller adorer les reliques dans son oratoire d'Aix, enfin les épithètes énergiques dont il accable la cupidité de Lunison et la fourberie de Hunus, qui avaient été sur le point de lui faire perdre le fruit de ses peines, l'espoir futur de la renommée de la basilique de Mülheim (4).

Einhard pourtant ne réussit pas à détruire complètement l'effet de la perfidie d'Hunus, ni pour le présent, ni pour l'avenir. Les abbés de Saint-Médard persistèrent à prétendre qu'ils possédaient les reliques des saints Pierre et Marcellin, soit qu'Hilduin eût gardé une partie des reliques volées, soit qu'un mensonge pieux n'eût rien d'effrayant pour les âmes ferventes du temps, pas plus qu'un pieux larcin.

(1) Nardulus huc illuc discurrat perpete gressu,
Ut, formica, tuus pes redit itque frequens.
THEODULF D'ORLÉANS, *Mon. Germ., Poetae lat. aevi Carol.*, I, 487.

(2) Il feint d'être ignorant du vol pour mieux surprendre Hilduin, mais il était déjà renseigné par le rapport qu'on lui avait fait comme il était en route pour aller à Aix *(Tr., II, c. 24)*.

(3) Il se fait ouvrir la châsse qui contient les reliques *ut viderem*, dit-il, *quod esset, quod et ille redderet, et quod ego reciperem* (*Tr.*, II, c. 26.)

(4) ...... *vafritiam presbyteri* (*Tr.*, II, 25). ...... *vafer, ac lubricae fidei* (*Tr.*, I, c. 12)....... *callidus* (*Tr.*, II, c. 3).

La chronique de saint Médard, utilisant évidemment les traditions de l'abbaye, affirme avec sérénité que les reliques des saints Marcellin et Pierre furent transportées directement de Rome à Soissons (1).

Dans la *Translatio SS. Martyrum Tiburtii, Marcellini et Petri, Marcelliani et Marci, Proti et Hyacinthi, Marii et Marthae... ad S. Medardum* (2), écrite par un moine de l'abbaye de Saint-Médard, peut-être au xie siècle, l'auteur a démarqué outrageusement la *Translation* d'Einhard pour faire croire à ses contemporains que la basilique de Saint-Médard contenait, non seulement les reliques de saint Sébastien, de saint Grégoire et de saint Tiburce, mais encore toutes les reliques réunies par Einhard à Seligenstadt. Le faux est d'ailleurs très maladroit, car souvent le texte d'Einhard est reproduit mot pour mot.

Les chroniques moins directement intéressées à Saint-Médard de Soissons reprirent cette tradition fausse. Déjà, Nithard en avait dit un mot, après avoir évidemment pris ses renseignements à Soissons (1). De même, l'un des copistes des *Chroniques de Saint-Denis* qui suivent la Vie anonyme de Louis le Pieux, fut évidemment frappé de la contradiction entre les deux versions de Soissons et de Seligenstadt; il résolut la difficulté très simplement : il traduisit presque textuellement le passage de cette vie relatif à la translation des saints Marcellin et Pierre, mais en remplaçant imperturbablement le nom d'Einhard par

---

(1) *Annales S. Medardi Suessionensis* (*Mon. Germ., Script.,* XXVI, éd. Waitz, p. 519).

« 826. Corpora SS. Sebastiani et Gregorii et quorundam aliorum SS. Roma delata sunt in ecclesiam beati Medardi Suessionensis tempore Eugenii pape et Ludovici Pii Imperatoris. »

828. Corpora SS. Marcellini et Petri Roma delata sunt in ecclesia beati Medardi Suessionensis, tempore Eugenii Pape et Ludovici.

(2) *Translation* inexactement attribuée à Odilon, auteur de la *Tr. de S. Sébastien* (*Mon. Germ., Script.,* XV[1], 392, app. par Holder-Egger); Ebert, *Histoire de la litt. du Moyen âge en Occident*, III, 228; Wattenbach, *D. Geschichtsquellen*, I, 199).

(3) *Mon. Germ., Script.,* II, 663 : Nithard, III, cap. 2. « ... Cumque Suessonicam peteret urbem, monachi de sancto Medardo occurerunt illi, deprecantes ut corpora SS. Medardi, Sebastiani, Gregorii, Tiburtii, Petri et Marcellini, Marii, Marthae, Audifax et Habacuc..., etc. »

celui d'Hilduin (1). Plus tard, Dom Bouquet, trompé par les mensonges des moines de Saint-Médard, devait affirmer qu'Einhard, suprême dérision ! avait lui-même laissé transporter ses reliques à Soissons (2). Et c'est ainsi que l'abbé de Seligenstadt fut impuissant à détruire les calomnies qui avaient pour origine l'avidité sans scrupules d'Hilduin (3).

Les abbés n'étaient pas seuls à se disputer les restes

(1) *Grandes Chroniques de France*, éd. Paulin Paris, 1836-1838, II, p. 358, 359.
Geste du débonnaire Roy Loys. « .... Hildoins, abbé de Saint-Denis, qui estoit un des plus sages hommes de ce temps, envoia lors à Rome et impetra le corps de deux glorieux martirs : saint Père et Marcelin en France, les fist apporter à ses propres despens et les fist mettre en l'églyse Saint-Mard, de Soissons.... » (Deux des manuscrits des *Chroniques* ont respecté le nom d'Einhard).

(2) *Hist. de France*, VI, Index chronologique, LXI.

(3) Peut-être ces récits mensongers contribuèrent-ils par la suite à inquiéter les adorateurs des saints Marcellin et Pierre, dont le culte subsista très longtemps à Seligenstadt. Si l'on en croit le récit de Jean Conrad Baur, prieur de Seligenstadt (BOLL., *Junii*, I, 180), l'archevêque de Mayence crut nécessaire, en 1607, pour rassurer l'opinion publique ébranlée par de faux bruits, de contrôler la présence des reliques au monastère. Ces recherches, qui donnèrent lieu à une cérémonie solennelle, et furent faites en présence de nombreux témoins, confirmèrent l'existence de sachets de soie, qui renfermaient des parcelles des corps des saints Marcellin et Pierre, et d'une châsse spéciale, qui contenait la tête de saint Marcellin. Une relation de cette cérémonie fut faite aussi par Christ. Weber, doyen d'Aschaffenburg, commissaire archiépiscopal désigné pour y assister. Une seconde inspection des reliques, en 1637, par l'abbé Léonard, permit de constater l'existence, dans un sac, de cendres mêlées de petits os et de nombreux fils d'or avec deux fragments de parchemin, sur lesquels se trouvait l'inscription suivante : *Corpora SS. Marcellini et Petri*. Un autre sac contenait des sachets, des fragments de tissus, qui avaient évidemment servi à envelopper les corps saints, et même le linge imprégné d'une sueur sanglante dont parle Einhard dans sa *Translation*. Toutes ces reliques furent cachées par les moines, pendant la Guerre de Trente Ans, pour les préserver de la dispersion, mais ces inventaires et ces déménagements semblent avoir, à leur égard, renouvelé le miracle de la multiplication des pains : au XVIIe siècle, les abbés de Seligenstadt se glorifiaient de posséder, non seulement la tête de saint Marcellin, mais un de ses bras, un bras de l'exorciste Pierre, plus quelques membres et une foule d'*ossicula*.
Voy. WEINCKENS, *Eginhartus illustratus*, p. 59 ; BRUDER, *Die heiligen Martyrer Marcellinus und Petrus*, p. 218, 232, 275.

des saints. Dans l'entourage d'Einhard même, les convoitises n'étaient pas moindres. Tandis qu'une partie des reliques voyageait d'Italie à Soissons et de Soissons à Aix, celles qui avaient été apportées à Michelstadt par Ratleik étaient presque immédiatement transférées à Mülheim. Les saints, par une suite de miracles et de visions (1), dont la première fut celle d'un serviteur de Ratleik, affirmèrent ne pas vouloir rester à Michelstadt (2), et le sens obscur de ces signes mystérieux jeta Einhard dans une grande anxiété, jusqu'au moment où il se résolut à obéir aux ordres divins (3). Les saints manifestèrent immédiatement leur approbation par la guérison de la religieuse paralytique Ruodlang et le miracle de Daniel. Il ne faut pas

---

(1) Vision du serviteur de Ratleik (*Tr.*, I, c. 15); miracle de la châsse saignante (I, c. 16); le rêve du serviteur Roland (I, c. 17).

(2) Ces caprices des saints, au sujet de leur séjour, étaient fréquemment utilisés par les possesseurs de reliques, au mieux de leurs intérêts. L'abbaye de Gorze (diocèse de Metz) s'était procuré des reliques de saint Gorgon. Le cortège qui les transportait s'arrêta à Varangeville, mais au moment de partir, malgré des efforts répétés, on ne put soulever la châsse. La volonté du saint était manifeste : le village dut être cédé à l'abbaye (Mabillon, *Acta Sanct. ord. S. Bened.*, IV^2, p. 206, *Hist. translationis S. Gorgonii*).

(3) Cette anxiété se manifeste de manière évidente dans la ⸸*Translation*. On a voulu en retrouver aussi les traces dans la correspondance. Bacha (*Etude sur Eginhard*, p. 50, 52) rapproche ce passage de la lettre XIV (Teulet, II) qu'il place en 827. Dans cette lettre, Einhard, sur un ton d'impatience irritée, s'adresse à son ami, le bibliothécaire Gerward, et lui reproche de le rappeler à la cour, à un moment où il est lié par une *révélation surnaturelle*. Il s'étonne que Gerward, par une négligence coupable, n'ait pas répondu aux lettres où il lui demandait conseil et qu'il ne semble pas s'émouvoir de sa « situation périlleuse ». Mabillon (*Ann. Bened.*, l. XXXII, p. 16) et Teulet (II, c. 25, n. 1), placent la lettre XIV en décembre 828, et y voient une allusion au message d'Aubri. Kurze (*op. cit.*, p. 70) et Hampe (*Neues Archiv*, XXI, 611), placent cette lettre en 831. D'une part, il semble difficile d'identifier la révélation de la lettre XIV avec celle d'Aubri, car, au moment où celle-ci eut lieu, Einhard était au palais, et non auprès de ses martyrs. D'autre part, il est impossible de placer la lettre XIV en novembre 827, au moment où les reliques venaient d'arriver à Michelstadt. Einhard dit, en propres termes, pour s'excuser, qu'il ne pourra arriver à temps, parce qu'il a mis *rarement* moins de sept jours pour se rendre d'Aix à la basilique des saints martyrs : c'est donc qu'il avait déjà fait plusieurs fois le voyage, et par conséquent la lettre ne peut avoir été écrite en 827.

chercher la cause de cette seconde translation dans l'isolement de Michelstadt (1) : Einhard ne doutait pas que les saints n'y fussent adorés convenablement, puisque c'est à la basilique de Michelstadt que leurs reliques étaient destinées. L'ambition de Ratleik est une explication beaucoup plus vraisemblable (2). Michelstadt avait été donné par Einhard aux moines de Lorsch, et l'ambitieux notaire, qui prévoyait la renommée future des reliques, dut persuader à son maître, par des moyens destinés à frapper son imagination, qu'il fallait les transporter à Mülheim, et y fonder, tout exprès, un monastère, dont il devint plus tard abbé.

Les cendres des martyrs n'allaient point encore trouver le repos : les autres abbayes demandèrent leur part, et Einhard n'hésita point à disperser les restes sacrés et à en accorder un peu aux moines qui lui en avaient demandé. Il en donna à Saint-Bavon (3), à Saint-Servais : on retrouva en 1623, la châsse de plomb qui les contenait (4). Il se sépara encore de ses précieuses reliques

---

(1) Comme le fait EBERT (*Hist. de la litt. du Moyen âge en Occident*, II, 116).

(2) KURZE (*op. cit.*, p. 43).

(3) *A. S. Bavonis Gandensis* (*Mon. Germ., Script.*, II, 185).

« A. 826. Eynardus, capellanus Ludovici piissimi imperatoris, factus est abbas Gandensis cenobii, qui anno 828 reliquias SS. Marcellini et Petri ibidem transmisit.

Martyrologe du *Liber floridus* (manuscrit du xiie siècle).

828. Reliquiae S. Marcellini delatae sunt ad monasterium S. Bavonis Gandensis. »

(4) *Acta Sanct.*, Jun., I, p. 204 (HENSCHEN), (d'après le rapport de D. Adalard Laurent van Eyll, chanoine).

« Anno MDCXXIII, mensis aprilis die 25, cum aliquantulum elevaretur lapis altaris S. Petri Apostoli, in crypta Ecclesiae Collegiatae S. Servatii, et nonnihil ex una parte inclinatus esset; deprehensum est corpus altaris; cui lapis innititur, intus esse cavum et confectum ex unico lapide, intus cavato, ad instar vasis, ad capacitatem duorum pedum in longitudine et sesquipedis in latitudine et profunditate; in eaque concavitate repositam capsulam plumbeam, longitudinis fere unius pedis, cujus operculo insculptum et exaratum erat « Reliquiae Marcellini et Petri martyrum ». Erant autem dictorum martyrum cineres, involuti sudario adhuc integro, sed quod minimo attactu in cineres

en faveur de l'abbé Georges de Saint-Sauve, à Valenciennes, constructeur de l'orgue hydraulique, et dont il admirait profondément le talent d'artiste. Il en donna enfin à l'archevêque Hetti de Trèves, qui lui en avait demandé pour la dédicace de sa nouvelle église. Ce ne furent pas, probablement, leurs dernières pérégrinations (1).

resolvebatur. Erant autem cineres illi in ea quantitate, quam sudarium capere poterat. Has reliquias viderunt in dicto altari : Reverendus Dominus Decanus Winandus a Gelria; Gulielmus Tophius, cantor, et Joannes Stevart, Canonici praedictae Ecclesiae S. Servatii. »

(1) Parmi les nombreuses reliques des saints Marcellin et Pierre qui se promenèrent à travers le monde, il est très difficile de déterminer celles qui provenaient des cendres sacrées transportées à Seligenstadt, (en admettant que celles-ci fussent les vraies cendres) — et celles qui étaient apocryphes — On a vu qu'à Rome, l'église célienne prétendait posséder le corps entier des saints. Crémone les considérait comme ses patrons. D'après la tradition, leurs os avaient été transférés de Rome à l'église Saint-Thomas, au temps de l'évêque Arnulf en 1078, et les habitants de Crémone, lors d'une lutte avec les Milanais, les virent un jour combattre dans la mêlée sous la forme de deux jeunes gens, vêtus de robes blanches et montés sur deux chevaux blancs. Ces prétentions devaient encourager les futurs historiens de la ville à nier l'authenticité des reliques de Seligenstadt (ZACHARIAS, *Cremonensium episcoporum series* Milan, 1749). Bologne conservait pieusement leurs reliques dans les églises de Saint-Etienne et de Saint-Petronius; à Plaisance, on conservait, avec les leurs, celles d'Artemius (FERRARI, *de sanctis Italicis* Milan, 1613). Enfin à Piedimonte, village de la Campanie Heureuse, au nord-ouest de Bénévent, l'église de Sainte-Marie Majeure, au XVIIe siècle s'enorgueillissait d'avoir recueilli un bras de saint Marcellin.

En Belgique, un certain nombre d'abbayes se partagèrent quelques parcelles des cendres saintes : peut-être provenaient-elles des reliques envoyées par Einhard à ses abbayes de Gand. On en conservait un peu à Tournai, dans l'église de Saint-Amat, à Douai, à Cambrai dans l'église de Saint-Autbert, aujourd'hui Saint-Géry, qui avait d'abord été dédiée à Saint-Pierre (*Gall. Christ.*, III, 153), où on les adorait encore en 1878. Deux petits *ossicula* étaient enfermés dans une chàsse au monastère de Saint-Crespin dans le diocèse de Cambrai, à deux lieues de Valenciennes; ils furent perdus en 1793. Le monastère d'Hasnon dans le diocèse d'Arras, avait probablement recueilli une bonne partie des reliques de Gand, car une chapelle y avait été élevée en l'honneur des saints Marcellin et Pierre (*Gall. Christ.*, III, 39). On leur rendait un culte encore au XIe siècle; leurs cendres furent transportées ensuite dans l'église de Sainte-Marie Majeure à Valenciennes, qui appartenait aux moines d'Hasnon. François de Bar prétend que l'abbaye d'Hasnon possédait les corps tout entiers des martyrs depuis 808 ; il confond probablement avec 828, date de l'introduction des reliques dans le nord de l'empire franc. Honorées pendant les siècles suivants, elles furent

Ces pérégrinations pesaient très légèrement à la conscience des croyants avides de posséder des reliques. Einhard n'a aucun scrupule au sujet de l'entreprise de ses envoyés. Rien n'est plus curieux que la sécurité avec laquelle il raconte comment ceux-ci s'y sont pris pour fracturer les tombes des saints. C'est acte de piété, pour lui, de tirer ces pauvres martyrs *dont les tombeaux sont négligés à Rome* de la solitude où ils végètent, pour les transporter dans un endroit où la foule viendra les adorer. Ratleik et Hunus, de leur côté, portent sans hésiter la main sur les cendres sacrées : ils ont jeûné trois jours ; ils ont invoqué Jésus-Christ et les saints martyrs : le secours divin doit leur être acquis. Bien plus, c'est un

fort malmenées au xvie siècle par les hérétiques, qui les arrachèrent au monastère, où elles furent ramenées en 1570, et où elles furent encore conservées longtemps (AA. SS., Jun., VI-VII, Appendix III, 1. *De miraculis et reliquiis Hasnoniis in Belgio*). Enfin quelques parcelles des cendres sacrées avaient dû se risquer dans le diocèse de Chartres, dans l'abbaye de Bonneval. D'après les traditions de l'abbaye, sous le règne de Charles le Chauve, l'empereur et un de ses fidèles, Foulques, instituèrent une abbaye en l'honneur des saints Pierre et Marcellin, transportés de Germanie en France. Leur souvenir y persista longtemps bien que l'église prît plus tard le nom de Saint-Florentin. Le cinquième abbé, Godo, à la fin du xe siècle, leur dédiait un recueil de canons ecclésiastiques par une belle dédicace écrite en marge, en onciales :

<pre>
Godo Bonaevallis humilisque monasticus abbas
Codicis hujus opus sanctorum canone factum
Donat habere Petro Marcellinoque beatis.
Ejus et ablator pœna plectatur acerba
Cum reprobis pariter barathri retrusus in imo,
Ni prius ablatum digna emendatio reddat.
</pre>

(*Gall. Christ.*, VIII, p. 1237).

Enfin plusieurs églises d'Allemagne ne furent pas moins favorisées : outre Saint-Pierre de Vallendar, l'église de Jügesheim possédait une partie des ossements de saint Marcellin qui avaient autrefois appartenu à Seligenstadt. A Drondestadt, dans l'évêché de Bemberg, un reliquaire incrusté d'or et de pierres précieuses laissait voir, grâce à un couvercle en verre, deux petites *parcelles* des deux saints. Halle, en Saxe, en conservait quelques fragments. A Stockstadt, près de Seligenstadt, en 1525, un autel abritait quelques cendres provenant de saint Pierre. Les pérégrinations des saints les conduisirent jusqu'à Prague, où, dans l'église de Saint-Vitus, on conservait des parcelles de leurs corps, sans savoir d'où elles venaient.

Voy. Bolland, *Acta Sanct.*, Jun., I, 170 et Bruder (*die Heiligen Martyrer Marcellinus et Petrus*), p. 244, 247, 248, 251, 264 à 267.

devoir pour eux de ne pas se contenter de saint Marcellin. S'ils ravissent aussi les cendres de saint Pierre, c'est par bonté d'âme, pour ne pas le séparer du compagnon auprès duquel il a si longtemps dormi.

Hilduin lui-même, d'après Einhard, raconte le vol d'Hunus comme une chose toute naturelle et même méritoire (1). Hunus, dit-il, aurait cru manquer à ses devoirs s'il n'avait pas profité du sommeil des serviteurs de Ratleik, et saisi cette occasion propice, évidemment envoyée par le ciel. Le caractère miraculeux de cette prétendue aide divine, invoquée par Hilduin, contraste singulièrement avec la dextérité de l'ingénieux voleur qui trouve moyen d'ouvrir les coffres sans briser les sceaux.

L'important, pour les chrétiens pieux, ce n'était donc pas de laisser les saints dormir en paix; c'était de posséder une preuve matérielle de leur présence. Le saint, malgré les manipulations qu'il avait subies dans le transport, redevenait un être divin qu'on ne pouvait trop honorer. Le premier soin des possesseurs de reliques, c'était de leur donner une demeure digne d'elles: Ratleik enveloppe le corps de saint Marcellin dans un riche linceul, il enferme les cendres de saint Pierre dans un sachet de soie (2). Einhard n'est pas encore satisfait; à leur arrivée, il les transvase dans des sacs de soie préparés tout exprès. La châsse, faite d'un bois trop commun, lui semble indigne des martyrs; il se propose de la remplacer par une autre, plus convenable, à laquelle il dut consacrer tout son talent d'artiste. La châsse elle-même est placée sous un dais de bois, entourée de draperies et de voiles de soie, près de l'autel, entre deux croix (3). Le prêtre Georges a soin de mentionner, dans son mémoire, qu'il a enfermé les reliques dont on lui avait fait cadeau dans une châsse incrustée d'or et de pierres précieuses. Le luxe des châsses et des autels des saints était une forme de l'adoration qu'on avait pour eux (4).

(1) *Tr.*, II, c. 23.
(2) *Tr.*, I, c. 8, 10.
(3) *Tr.*, I, c. 21.
(4) *Tr.*, IV, c. 69.

Cette adoration se manifestait surtout par un enthousiasme sans limites. Sur tout le parcours de Michelstadt à Mülheim, les fidèles accompagnent les reliques en procession solennelle, pendant l'espace de huit lieues, en chantant des hymnes d'actions de grâce (1). L'affluence du peuple est telle qu'à Mülheim, on ne peut entrer dans l'église et la messe est célébrée en plein air (2). A Aix, Einhard a peine à pénétrer dans son oratoire, tant la foule est grande ; certains pèlerins sont obligés de rester dehors et d'entendre l'office divin à travers les fenêtres ouvertes (3). Mais cette joie se change en désespoir quand elle est déçue : c'est une passion primitive qui n'exclut pas et même provoque des sentiments très peu chrétiens (4). Dans la relation de Saint-Sauve, le prêtre porteur des reliques est obligé de rester à Visé (5) un jour de plus qu'il ne voulait devant l'attitude menaçante des adorateurs de saint Marcellin, qui étaient prêts à le retenir par la force, s'il ne cédait pas à leurs prières.

La cause de cette ferveur, c'était d'abord une foi profonde dans le mérite des martyrs auprès de Dieu et dans la vertu miraculeuse de leurs reliques. C'est là ce qu'on adorait en eux. Einhard, avant la translation de ses saints, n'avait pas de préférence et était prêt à se mettre au service de n'importe quel martyr. Il n'y a rien, dans la *Translation*, qui puisse faire supposer une admiration spéciale pour l'héroïsme de Pierre et Marcellin. Le culte du IXe siècle n'est plus le culte des premiers chrétiens pour les héros de la conscience religieuse, les confesseurs de la foi persécutée ; c'est un culte dégénéré : le culte du saint faiseur de miracles. Une circonstance toute matérielle, la présence de quelques os et de quelques cendres, suffit pour faire croire que Dieu va changer l'ordre de la nature : Einhard a soin de noter qu'il ne s'était jamais fait de miracle

---

(1) *Tr.*, I, c. 18.
(2) *Tr.*, I, c. 20.
(3) *Tr.*, IV, c. 63.
(4) *Tr.*, IV, c. 69.
(5) Sur la Meuse inférieure, et la route romaine de Tongres à Cologne.

à Aix avant la venue de ses saints. Cette croyance naïvement superstitieuse est complexe aussi, parce qu'elle implique la nécessité de l'effort personnel, de la prière, pour obtenir la récompense. — Et bien naturelle enfin, si l'on pense à l'âme inculte et primitive de la foule, au IXe siècle : c'était une source d'espérance et de consolation, puisque les saints promettaient la guérison des maladies, des infirmités, devant lesquelles les hommes du Moyen âge se sentaient la plupart du temps impuissants.

Seulement, dans cet enthousiasme pour les saints, il y avait, à côté de l'élément religieux, un élément intéressé. L'affluence des pèlerins, dans une ville qui avait le bonheur de posséder des reliques, était une cause d'importance et de prospérité pour le commerce local, si rudimentaire qu'il fût (1). Einhard montre les pauvres, accourant de toutes parts pour recevoir l'aumône (2) : la générosité des pèlerins ne devait pas être invoquée en vain, au moment où ils allaient demander à Dieu une guérison miraculeuse. Les malades eux-mêmes profitaient de leur séjour auprès des reliques. Quelques-uns passaient le jour et la nuit devant la châsse, pour ne rien perdre de leurs recettes ; d'autres s'établissaient dans de petites cellules, près de l'église, témoignages vivants de la vertu surnaturelle des reliques, et menaient désormais une existence exempte de soucis. Aussi, parmi tous ces pauvres, infirmes, aveugles, qui profitaient des aumônes, tous ne désiraient pas une guérison qui les aurait mis en demeure de gagner péniblement leur vie, au lieu de la devoir à la charité publique. Le miracle du vieillard aveugle d'Aix-la-Chapelle

---

(1) Déjà, sous les Mérovingiens, le séjour des pèlerins procurait à la ville assez heureuse pour posséder des reliques d'importants revenus et donnait lieu souvent à des fêtes périodiques, qui coïncidaient avec la fête du saint. Voy. MARIGNAN, *Etudes sur la civilisation française*, II, *Le culte des saints* (1899), 113, 133.

(2) Daniel arrive avec une troupe de mendiants (*Tr.*, I, 20). La Berrichonne sourde et muette avait des tablettes sur lesquelles était inscrite la prière par laquelle elle implorait la charité, et son père et son frère la promenaient d'église en église pour obtenir sa guérison (*Tr.*, III, c. 38).

est caractéristique à cet égard (1) : l'infirme ne consent à guérir qu'après le triple avertissement d'une vision. Plus d'une fois, Einhard fait allusion à des malades que leurs parents promenaient de sanctuaire en sanctuaire, constate que l'intervention des autres saints a été infructueuse, tandis que les siens ont opéré immédiatement la guérison tant souhaitée. Il y avait donc une exploitation de la crédulité publique dans ces pérégrinations d'infirmes, et dans leurs guérisons subites et très probablement provisoires. Les malades d'Einhard, d'ailleurs, sont presque tous de condition médiocre ; ce sont des mendiants, des serfs, des clercs tout au plus (2). Il semble que les Francs appartenant aux hautes classes n'aient jamais eu besoin de demander l'intercession des saints, ou qu'ils aient dédaigné de le faire. Peut-être les saints préféraient-ils guérir les humbles : Einhard eut la déception cruelle de voir ses vœux inutiles au moment de la maladie et de la mort de sa femme Imma (3) ; il ne dit pas d'ailleurs qu'il l'ait transportée auprès de la châsse et parle simplement de ses prières, qui sont restées sans effet. Comment les saints, si prodigues de faveurs envers les pauvres hères, restèrent-ils insensibles aux supplications de l'abbé de Seligenstadt, et quelle impression leur ingratitude dut-elle faire sur un croyant comme Einhard ?

V

La foi d'Einhard était-elle en effet la même que celle de ses contemporains ? Il avait une culture supérieure à la plupart d'entre eux : ses croyances sont-elles moins naïves ? ne s'y mêlait-il aucun élément intéressé ?

Einhard croit à la valeur de l'intervention des saints

---

(1) *Tr.*, IV, c. 64.
(2) Dans la plupart des translations mérovingiennes, au contraire, ce sont de grands personnages qui bénéficient de l'intercession des saints (Voy. MARIGNAN, *op. cit.*, II, p. 196).
(3) TEULET, II, *lettre LXXII*, écrite au début de 836.

auprès de Dieu, et à plusieurs reprises, il s'efforce de légitimer sa croyance. Il n'hésite même pas devant un miracle incomplet ou tardif ; si l'ouvrier rémois Gerlac reste malgré tout boiteux de la jambe gauche, c'est qu'une guérison incomplète importait sans doute au salut de son âme (1); si la guérison de la femme de Cologne a tardé, c'est que les voies de Dieu sont impénétrables, et qu'il est libre de choisir le lieu et le temps des grâces qu'il accorde (2). Il a écrit la *Translation*, dit-il, pour conserver à la mémoire des hommes les miracles accomplis par ses saints et les encourager ainsi à corriger leurs mauvais penchants (3). Il ne croit pas seulement à la vertu miraculeuse des reliques ; il croit aux démons ; ses prêtres connaissent et utilisent les formules d'exorcisme en usage. S'il n'a pas assez de mépris pour les sortilèges frivoles des commères, qui ont voulu soigner avec des simples la femme d'Urselle (4), il rapporte sans étonnement la guérison de deux possédés (5). Il est persuadé de l'importance des visions; il est convaincu que seuls, de saints personnages peuvent les interpréter convenablement et qu'en cas d'embarras, il est inutile de s'adresser à des moines d'une instruction grossière ; il est saisi d'angoisse quand les visions se succèdent sans qu'il puisse en pénétrer tout de suite le sens.

Cette dévotion sans réserve est scrupuleuse, soucieuse de partager équitablement l'adoration et la reconnaissance. Il a une tendresse particulière pour les saints Pierre et Marcellin, sous l'invocation desquels son église est placée, mais il veut rendre à chaque saint ce qui lui est dû ; il est partagé entre la crainte d'être injuste envers les nouveaux saints, ou de paraître négliger les anciennes reliques. De là son insistance à prouver que des saints, dont le mérite est égal devant Dieu, ont pu collaborer aux mêmes mira-

(1) *Tr.*, III, 62.
(2) *Tr.*, IV, 93.
(3) *Tr.*, I, 1.
(4) Ober et Nieder Ursel près de Hombourg.
(5) *Tr.*, III, c. 53. Il est vrai que l'un des démons a pour mission de menacer ceux qui troublent la paix du royaume et que l'autre est chassé très à propos par saint Protus et saint Hyacinthe, nouvellement arrivés à Mülheim.

cles (1). Les derniers qu'il rapporte se sont effectués, dit-il, à l'arrivée des saints Protus et Hyacinthe, mais le jour de la nativité de saint Hermès et cependant avec le concours des saints Marcellin et Pierre, puisque les miracles se sont accomplis dans leur église (2). Il y a là un souci touchant de justice distributive (3), qui marque la sécurité de ses convictions, un peu excessive peut-être même pour son temps.

En effet, une partie du clergé franc (la minorité, il est vrai) n'était pas favorable au culte des reliques. Claude de Turin, qui écrivait un peu avant 830, avait nié, en s'appuyant sur saint Augustin, la valeur de l'intercession des saints et un de ses traités venait d'être condamné par Louis le Pieux au moment où fut écrite la *Translation.* Agobard de Lyon (4), avec l'adoration des images, désapprouvait l'adoration des saints et de leurs tombeaux, qu'il considérait comme une idolâtrie et comme un encouragement à des supercheries indignes. Il écrivait à Barthélemy, archevêque de Narbonne (5), pour lui recommander la circonspection et sans nier nettement la possibilité des miracles, ce qui eût été trop hardi pour le temps, il marquait sa défiance à l'égard des individus « qui sont frappés et tombent à terre à la façon des épileptiques », ou bien à

(1) *Tr.*, IV, c. 69.
(2) La piété des fidèles ne sépara pas, dans l'entourage d'Einhard, les saints réunis à Seligenstadt. Dans un vieux livre de prières de Mayence, les saints étaient invoqués à la suite les uns des autres, dans les litanies: saint Pierre, saint Marcellin, saint Protus, saint Iacintus, saint Hermès (Migne, *Patr. lat.*, CXXXVIII, col. 893.)
(3) A moins que ce ne soit un moyen de bien établir l'authenticité des reliques nouvelles.
(4) Il ne semble pas y avoir doute sur la pensée d'Agobard, bien que ses idées aient été diversement interprétées par ses biographes catholiques qui défendent farouchement son orthodoxie, et par ses biographes protestants qui en feraient volontiers un précurseur de la Réforme (L'abbé Chevalard, *Vie de saint Agobard*, 1869; Rozier, *Agobard de Lyon* (thèse présentée à la fac. de théol. de Montauban, 1891).
(5) Agobardus archiepiscopus..... Bartholomeo Narbonensi archiepiscopi..... (*Mon. Germ.*, Ep., III, p. 206, écrite vers 827-830). « Cognovimus sollicitam esse prudentiam vestram, quonam modo accipi debeat illud, quod in quodam loco ceperunt fieri quaedam percussiones, ita ut caderent quidam modo epilemticorum vel eorum quos vulgus demoniacos putat vel nominat. »

l'égard de ceux que « le vulgaire croit et appelle démoniaques (1) ». Ce sont là des faits qu'Einhard admettait sans hésitation. Il recourait aux exorcismes alors qu'Agobard, plus sceptique, guérissait les possédés en les faisant battre de verges.

Entre ceux qui se défiaient des guérisons miraculeuses et les adorateurs aveugles des saints, il y avait place pour une opinion modérée, dont les plus illustres représentants furent Jonas, évêque d'Orléans, qui combattit Claude, et Dungalus, maître du monastère de Saint-Augustin à Pavie, qui répondait aux citations de saint Augustin par des citations de saint Ambroise *contra perversas Claudii sententias*

Ces idées étaient aussi celles d'Einhard, l'homme des opinions moyennes et des attitudes conciliatrices. Pour lui, le culte des saints n'a pas son origine dans une confusion coupable entre leur pouvoir et celui de Dieu, mais dans une reconnaissance respectueuse pour les services qu'ils rendent. Ils sont les véritables auteurs des miracles, puisque c'est leur présence qui les détermine, mais ils ne peuvent les opérer que grâce à la toute puissance de Dieu et à sa miséricorde infinie. Quand le miracle se mani-

---

(1) D'après une lettre d'Amolon, archevêque de Lyon de 841 à 852, à Teodboldus, évêque de Langres, auquel il ordonnait de faire disparaître des reliques suspectes.

« Vidimus namque aliquotiens coram illo qui se daemoniacos advexaticios esse simularent, sed, cum plurimis plagis atque verberibus distringerentur, confestim de miserrima simulatione confessi, et necessitates atque egestates suas, quibus supplendis talia ostentaverant, publice exponentes, ab omni invasione daemoniaca, sicuti et erant, inlesi apparuerunt. Scimus etiam civitatem quandam haut longe a nostris finibus, quae Ucaetia nuncupatur, sita in provincia Narbonensi, ubi cum ejusdem piae memoriae praecessoris nostri tempore ad sepulchrum sancti Fermini episcopi istiusmodi percussiones et elisiones fieri cœpissent ita, ut in membris cadentium reperirentur quaedam stigmata ustionis, tamquam illuc sulphur arsisset, et ex hoc territi atque obstupefacti vulgares cum votis ac donis plurimis gregatim ecclesiam frequentarent, accepto ab eodem patre nostro consilio praedicavit eis atque praecepit Narbonensis qui nunc superest. Bartholomeus episcopus, ut omnino locum illum, quem superstitiose frequentare coeperant, nequaquam amplius ita frequentarent, et quaecunque illuc conferre consueverant, magis in usum indigentium et misericordiae opera erogarent. » (*Mon. Germ., Epistolae*, III, p. 366).

feste (1), c'est Dieu qu'on remercie et il prend soin de le noter. Dans toutes les formules (2) où il signale la vertu miraculeuse de ses reliques, il use d'une double expression qui trahit le souci de distinguer entre le mérite des saints (qui interviennent auprès du Seigneur pour obtenir les guérisons), et la miséricorde de Dieu, qui accorde le miracle par égard pour les saints (3). Des distinctions analogues légitimaient pour lui le culte des symboles sacrés comme la croix : à Mülheim, les cendres des saints martyrs étaient placés entre deux croix, « étendards de la passion » (4) qu'on avait portées devant la châsse en procession solennelle. Sur la route d'Aix à Mülheim, on avait dressé une croix en l'honneur de saint Marcellin, *ad venerationem beati Martyris*, en souvenir du moment où Einhard, rapportant d'Aix les reliques restituées par Hilduin, avait aperçu la procession envoyée à sa rencontre (5).

(1) Lors du transport des reliques à l'oratoire : « Dei omnipotentis misericordiam collaudabant (*Tr.*, II, c. 27)...... Divinam misericordiam atque potentiam admirando simul atque laudando. » (III, c. 67). etc.

(2) Ces formules sont les formules en usage, mais il y a dans leur fréquente et régulière répétition une insistance significative : « ..... Superna gratia per suorum merita sanctorum (*Tr.*, I, c. 18)....... Dei omnipotentis misericordiam... per merita sanctorum suorum (III, c. 57). ..... Inde iter ingressi, suffragantibus SS. meritis... Domino adjuvante (II, c. 30). ... Ubi beatorum martyrum, qui haec prodigia per virtutem Christi fecerunt .... » (III, c. 45). etc. Pour les miracles dont Einhard transcrit la relation, les formules changent mais le fond est le même.

(3) Il est relativement rare de voir le mérite des saints mentionné seul : « per virtutem beatissimorum martyrum (III, 38). ..... Per suffragia sanctorum (III, 41).., per eorumdem sanctorum meriti..... per merita et virtutem sanctorum quorum illae reliquiae essent..... per eosdem beatissimos martyres... » etc.

(4) *Tr.*, I, c. 21.

(5) L'adoration de la croix était d'ailleurs fort répandue. Michel le Bègue, dans une lettre adressée à Louis le Pieux, en 824, essayait d'exciter son indignation contre les adorateurs des images, en les accusant de chasser les croix des temples pour adorer les images à leur place. Toutes les questions relatives à l'adoration de la croix passionnaient les lettrés francs, si l'on en juge par les traités, les vers composés à ce sujet vers cette époque, en particulier dans l'entourage d'Einhard. C'est un sujet qui revient sans cesse sous la plume de Raban Maur : (*Mon. Germ.*, *Poetae lat. aevi Carol.*, II, p. 222, 223, 230, 231. — *Epist.*, III, p. 381, 481).

L'expression *ad venerationem* est à remarquer ; il s'agit de distinguer entre le culte idolâtre des objets inanimés, et la vénération par laquelle on honorait seulement les personnages saints et les symboles sacrés. Grâce à des distinctions très subtiles, l'« adoration et la vénération » sont synonymes pour Einhard (1). Le culte, d'après lui, se manifeste par deux formes principales, l'*adoratio* et l'*oratio*. L'*oratio*, c'est la prière, l'effusion de l'âme vers Dieu ou Jésus-Christ, la supplication par laquelle on invoque la Volonté suprême dont on implore le secours, soit mentalement, soit de vive voix ; si l'on prie les saints, qui n'ont ni la divinité, ni la toute puissance, c'est simplement pour leur demander leur intercession auprès de Dieu. L'*adoratio*, au contraire, qui est exactement la même chose que la vénération, est une marque de respect extérieur par laquelle on honore certaines choses (sans les invoquer ni les prier, ce qui serait leur donner les attributs des êtres divins), par des inclinaisons de tête, par des gestes des bras ou de la main, par une prosternation du corps tout entier (2). C'est pourquoi, conclut-il, on peut, sans idolâtrie, *adorer* les saints et les anges, les temples, les tombeaux des martyrs, les reliques et la croix.

Naturellement, pour lui, du moment que l'adoration des saints est légitime, ceux qui leur refusent cette adoration sont coupables. Dès le début de la *Translation*, il dit qu'il n'écrit pas seulement pour les « sincères adorateurs des saints », mais aussi pour ceux qui ne peuvent être rangés parmi ces « adorateurs sincères ». L'expression est un peu

---

(1) *Mon. Germ.*, *Epist.*, III, 146, *Einhardi quaestio de adoranda cruce* mars-avril 836).
DUEMMLER, dans le *Neues Archiv*, XI, 231-238.
(2) Einhard, qui se montre, dans toute cette dissertation, très familier avec les Ecritures Saintes et même les textes des anciens conciles, s'appuie sur des exemples tirés des Psaumes (137, 2) et des livres des Rois (3e livre, I, 16, 23, 31 ; 4e livre, II, 15) ; mais il est assez embarrassé pour maintenir jusqu'au bout son interprétation subtile et assez matérielle de l'*adoratio* ; la manière trop ingénieuse dont il commente le passage de l'Evangile selon saint Jean, où Jésus dit qu'il faut adorer Dieu en *esprit et en vérité*, est très significative à cet égard.

équivoque. Il ne veut pas désigner par là ceux qui simulent pour les saints une adoration qu'ils ne ressentent pas : il n'y a pas dans la *Translation* une seule allusion à des simulations ou à des supercheries : le soupçon n'est pas fait pour sa candeur. Il veut plutôt parler de ceux qui n'adorent pas les saints sans restriction, sincèrement, de tout leur cœur, de ceux qui limitent leur puissance et leur marchandent l'adoration, bref, de ceux qui honorent les saints sans croire à la vertu miraculeuse de leurs reliques. Il y insiste avec âpreté et amertume (1). « Quant aux incré-
« dules, dit-il, quant à ces hommes qui déprécient la gloire
« des saints, comme je suis sûr d'avance que ce serait là
« pour eux une cause d'ennui et de dégoût, je crois devoir
« leur conseiller de n'y point du tout jeter les yeux, de
« peur que, choqués par la faiblesse de mon style, ils ne
« puissent retenir leurs blasphèmes et leurs sentiments
« envieux et qu'ils n'en viennent à haïr Dieu et leur pro-
« chain qu'on leur ordonne d'aimer ». Il affirme avec énergie qu'il ne doute pas, lui, que la création soit soumise à la Providence. Il invoque, après tant d'autres, la nécessité de la foi *a priori* : si les incrédules ne sont pas convaincus par des miracles, c'est que Dieu ne les juge pas dignes d'être éclairés.

Une ou deux fois même, le commentaire des miracles est une réponse à des objections sous-entendues sur leur impossibilité pratique et rationnelle. Dans le miracle du prêtre fou, le seul de ce genre dans la *Translation*, « le
« doigt de Dieu, dit-il, apparaît d'une manière si mani-
« feste et si claire qu'on ne saurait plus douter qu'il soit
« toujours *facile* à Dieu de faire ce qu'il veut sur toutes ses
« créatures. » Et plus loin : « A qui faut-il attribuer ce
« miracle, dit-il, si ce n'est à celui qui du néant a tout créé
« et qui, dans ce qu'il a créé, peut faire des choses *incom-*
« *préhensibles pour l'homme, impossibles à expliquer dans*
« *aucune langue humaine* (2) ».

Il ne s'agit plus là de simples envieux ; il s'agit des sceptiques qui doutent de la possibilité des miracles. Einhard pense évidemment à ceux qui avaient pris une part active

---

(1) *Tr.*, IV, c. 94.
(2) *Tr.*, III, c. 59.

aux attaques contre le culte des saints, et en particulier à ceux que leur culture littéraire devait rendre particulièrement redoutables dans la discussion, puisqu'il prévoit chez eux des critiques sur la « faiblesse de son style » (1). Seulement, sous ces invectives générales, peut-on deviner des attaques personnelles ? Son extrême prudence rend toute hypothèse aventureuse. Une seule fois, peut-être, pourrait-on retrouver chez lui l'intention de corriger sur un point précis l'un des adversaires du culte des saints. Pour l'un des miracles d'Aix, il rapporte que des Juifs étaient rassemblés autour de son oratoire et que l'un d'eux, nommé David (2), rendit spontanément hommage à la puissance de Dieu, qui daignait accorder à ses fidèles de telles grâces par l'intermédiaire des saints. La présence d'un Juif dans le palais n'avait rien d'extraordinaire. Louis le Pieux leur accordait une protection spéciale, si bien qu'Agobard, leur grand ennemi, ne put obtenir de l'empereur les mesures qu'il réclamait contre les Juifs de Lyon, malgré son intervention virulente et répétée, ses accusations sur leurs manœuvres et sur leur insolence à l'égard des chrétiens (3). Einhard n'aurait-il pas jugé l'oc-

---

(1) « Vilitate nostri sermonis offensi » (*Tr.*, IV, c. 94).

(2) Ce David est probablement le même qu'Einhard recommande à Geboin, comte du palais, en le présentant comme l'homme du seigneur Lothaire (TEULET, II, *lettre* IX), sans mentionner sa race. Il prie Geboin de l'aider à présenter ses réclamations à l'Empereur. Il n'est pas impossible que le diplôme de Louis le Pieux accordé à un nommé David ait été rendu en sa faveur (SICKEL, *Acta reg. et imp. Karol.*, II, 225, p. 151).

(3) Agobard et quelques évêques s'efforcèrent à plusieurs reprises d'obtenir des édits impériaux contre les Juifs, surtout contre les Juifs de Lyon : Lettres d'Agobard (*Mon. Germ.*, *Ep.*, III, p. 164) : Lettre sur le baptême des Juifs, en 822. — Lettre à Hilduin et à Wala, en 826. — Vers le même temps, lettre contre Evrardus, protecteur des Juifs.

Vers 826-828, lettre à Nibridius, de Narbonne, au sujet d'une réunion des évêques, projetée à Lyon, afin de convenir d'une démarche collective auprès de Louis le Pieux, pour l'engager à rétablir la barrière entre Juifs et chrétiens.

Vers 827-828, lettre adressée à Louis pour lui exposer les dangers résultant de la liberté laissée aux Juifs, signée d'Agobard, de Bernard de Vienne et de Fova de Chalon.

Vers 830, nouvelle lettre sur le baptême des Juifs.

casion favorable de montrer, contrairement à l'opinion de l'évêque hostile aux saints et à Louis le Pieux, que la puissance de saint Marcellin obligeait les Juifs même à rendre hommage au Dieu des chrétiens (1) ?

Devant les miracles, il apparaît donc comme un croyant convaincu. L'opinion qu'on doit se faire sur la mesure de sa crédulité ou sur la sincérité de sa foi dépend de la valeur de son témoignage sur ce point. Il ne s'agit pas de déterminer si les miracles qu'il affirme avoir vus étaient *possibles*. Il s'agit de savoir s'il était *possible* pour lui d'y croire, étant donnée sa personnalité intellectuelle. Pour apprécier équitablement son esprit critique, il ne faut pas le juger par rapport à l'invraisemblance logique des miracles qu'il raconte, mais par rapport à sa propre notion du vraisemblable et à celle de ses contemporains (2).

---

(1) Les Juifs avaient, par contre, des partisans dans l'entourage d'Einhard même ; Raban Maur ne craignait pas d'étudier les Ecritures de concert avec les savants juifs, et de le déclarer ouvertement dans ses commentaires sur les Ecritures dédiés à Louis le Germanique.

(2) Ce n'est pas la question de la réalité des miracles qui se pose ici ; elle est logiquement résolue *a priori*. Si l'on admet la sincérité d'Einhard quand il rapporte des miracles dont il affirme avoir été témoin oculaire, il faut admettre qu'on l'a trompé. Les mérites des saints Marcellin et Pierre n'ont jamais pu redresser une colonne vertébrale tordue, ni rendre la lumière aux aveugles. Beaucoup des maladies et des phénomènes morbides cités par lui (fièvres, contractions des muscles, mouvements spasmodiques) sont des maladies nerveuses qui peuvent disparaître momentanément sous l'influence d'une puissante suggestion. D'autres sont des infirmités faciles à simuler (la cécité, la surdité, le mutisme, la paralysie). On ne peut pas non plus accepter la conviction profonde d'Einhard comme une preuve de la réalité des miracles de Seligenstadt, comme le ferait M. Lecoy de la Marche pour lequel l'accent sincère du narrateur suffit à prouver la vérité des faits qu'il raconte, d'après l'autorité germanique de M. Lœbell : *Aberglaube und Wunderglaube* (LECOY DE LA MARCHE, *Saint Martin*, 2ᵉ éd., 1890, p. 164), — ou comme une preuve que, dans beaucoup de cas, l'esprit du penseur doit s'arrêter devant des énigmes insolubles (ERNST VON SOMMERFELD, *Eine Heilanstalt zur Zeit Ludwigs des frommen* dans *Nord und Süd*, t. CVI, 1903, p. 380).

Comment se fait-il tout d'abord qu'il appuie avec tant d'insistance sur la vérité des faits qu'il rapporte ? C'est que la possibilité du doute sur la réalité des miracles existe pour lui. Non pas qu'il admette le doute pour lui-même, mais il sait que ce doute existe chez d'autres que lui. De là ses efforts pour démontrer l'authenticité de ses miracles par des arguments irréfutables ; il ne raconte pas seulement : il prouve. La préface du III° livre a pour but précisément d'indiquer, en même temps que l'ordre de la relation des miracles, les garanties dont ils sont entourés.

Pour lui, ce qu'il y a de plus probant, c'est le témoignage oculaire ; il note avec soin tous les miracles qui ont eu lieu sous ses yeux ; il ne lui vient pas un instant à l'esprit de douter d'un fait qu'il a *vu* (1). Si quelque chose l'étonne dans le miracle de la bière changée en vin, c'est que ce prodige ait eu lieu dans une maison royale plutôt que dans la basilique, et que la signification n'en apparaisse pas bien clairement (2). Ses timides essais d'interprétation reçoivent immédiatement une solution toute mystique. Il ne comprend pas, « mais il demeure quand même convaincu que la vertu divine ne fait jamais rien sans motifs ».

Le témoignage indirect a pour lui une valeur moins grande, mais, dans certains cas, il raconte les miracles avec autant de sécurité que si lui-même en avait été témoin (3); il n'indique pas d'ailleurs pour quelles raisons il a tant de confiance dans la véracité de ceux qui les lui ont rapportés. S'il cite leur nom, ce n'est pas pour montrer qu'on peut compter sur la perspicacité de leur juge-

---

(1) Il a *vu* le miracle de la châsse saignante : il a *vu* le prêtre fou Waltbert recouvrer miraculeusement la raison et se débarrasser de ses liens (*Tr.*, III, c. 58, 59). Il insiste même : *non quorumlibet testium relatione didicimus, sed ipsi per nos quia ibidem tunc eramus.*

(2) *Tr.*, III, 44-45. — Einhard n'a pu lui-même s'assurer de la réalité du prodige, car ses serviteurs — pour être plus à même sans doute d'attester la vérité du fait — ont bu consciencieusement tout le tonneau et n'ont rien laissé au fond. Mais il n'y a pas de doute pour lui : un cierge éteint s'est rallumé tout seul, dès que le nom de saint Marcellin a été invoqué.

(3) *Tr.*, III, c. 39.

ment ; c'est qu'un fait étranger au miracle retient son attention. Il cite le prêtre Georges, parce qu'il admire, en artiste, le prêtre vénitien qui construisit à Aix-la-Chapelle un orgue hydraulique *mirifica arte*. Il n'ignore pas cependant que certaines affirmations ont besoin d'être contrôlées ; il le déclare par la bouche d'Hilduin (1). Mais il a une singulière façon de contrôler le témoignage indirect par le témoignage direct. Lors du miracle de la femme d'Urselle (2), il note qu'il n'a pas vu le fait lui-même, mais, insiste-t-il « j'ai *vu* cette femme, je lui ai parlé. » Le fait seul d'avoir vu la femme dont on lui a raconté la guérison miraculeuse lui semble un argument en faveur de la réalité de cette guérison (3).

Il invoque un autre ordre de preuves : les preuves matérielles ; afin qu'il n'y ait pas de doute sur l'identité des martyrs, il note qu'une tablette de marbre était posée à la tête de saint Marcellin avec une inscription qui indiquait d'une manière certaine à quels martyrs appartenaient les restes contenus dans le tombeau (4). Il conserve même avec soin ces preuves matérielles ; il a examiné lui-même le liquide qui suintait de la châsse saignante, comme de l'eau sur un marbre en temps d'humidité ; il affirme que ce liquide effrayant avait, outre la fluidité de l'eau et la couleur du sang, le goût âcre des larmes ; il garde précieusement les linges sanglants qui l'entouraient. Il ajoute même les preuves classiques ; à plusieurs reprises, un parfum exquis, signe révélateur de la vertu miraculeuse des saints, se répand dans l'atmosphère (5).

---

(1) « Ego illius rei sim proditor simplex, quam fortasse alter si prodiderit, non simpliciter enuntiabit, neque enim potest, quia sic natura comparatum est, ut hoc quisquam veraciter dicere nequeat, cujus notitiam non per se ipsum sed aliorum relatione fuerit assecutus » (*Tr.*, II, c. 22). Les paroles de l'abbé de Saint-Médard s'expliquent surtout par le désir de persuader à Einhard que tout ce qu'on lui dira au sujet des reliques volées n'est que mensonge.

(2) *Tr.*, III, c. 53.

(3) Il ne dit même pas qu'il a d'abord vu la femme malade, puis guérie.

(4) C'était la coutume, en effet, de mettre à côté des martyrs une sorte de plaque commémorative, avec leurs noms. Voy. Rossi, *Roma Sotteranea*, 1864, I, 98.

(5) *Tr.*, II, 27. — III, 42. — IV, 62.

Enfin, il entoure chaque miracle d'une profusion de détails variés et précis. On ne peut pas évidemment, pour lui, nier la guérison de quelqu'un dont on sait le nom, l'âge, la demeure, le pays d'origine (1). Seulement, ces miracles, dépouillés de cette infinie variété de circonstances accessoires ou de développements littéraires, sont assez monotones, si l'on met à part les miracles d'une utilité évidente (2). Les maladies sont les maladies classiques : des rachitiques, avec les os tordus ou les muscles contractés (3), des paralytiques (4), des aveugles (5), des sourds-muets (6), des malades affectés d'un tremblement nerveux (7), des fiévreux (8). Saint-Sauve est plus particulièrement favorisé par des guérisons de sourds-muets et d'aveugles ; Saint-Bavon, par des guérisons d'aveugles et de contractions. La manière dont les malades sont guéris est presque toujours identique (9). En général, ils s'appro-

---

(1) Einhard s'attarde avec une complaisance évidente à la description des personnages mystérieux ; il soigne certains récits comme celui du miracle de Daniel (*Tr.*, I, c. 20) et la vision du serviteur de Ratleik qui suit en songe le vol de deux colombes, l'une toute blanche, l'autre d'un blanc nuancé (*Tr.*, I, c. 15).

(2) La vision du serviteur de Ratleik qui annonce à l'expédition l'approbation des saints qu'on va enlever de leurs tombeaux ; le miracle de la châsse saignante et les visions annexes, qui légitiment la translation de Michelstadt à Mülheim ; la vision d'Aubri et les révélations de Wiggon, qui se rapportent à la situation politique.

(3) Daniel (I, c. 20) ; le vieillard d'Argovie (III, 42) ; le Liégeois (III, 43) ; Gisalbert (III, 46) ; le Rémois (IV, 62) ; la jeune fille de Juliers (IV, 63) ; l'homme de Visé (IV, 68) ; la femme de Cologne (IV, 93).

(4) Maréthrude (III, 52) ; la jeune fille de Gangelt (IV, 67).

(5) Aubri (III, 39) ; le mendiant d'Aix (IV, 64) ; la femme du pays des Ripuaires (IV, 65).

(6) Le clerc anglais (III, 37) ; la Berrichonne (III, 38) ; Prosper (III, 54) ; Godescalk (III, 55).

(7) III, c. 40.

(8) Le Grec (?) Drogon (IV, 64) ; dans les AA. SS., le texte « graecus » est remplacé par « Graeciensis », c'est-à-dire de Gratz. Teulet se contente de dire qu'un nom n'est pas toujours significatif. Le nom de Drogon était assez répandu au IXe siècle ; un des frères de Louis le Pieux, qui fut archichapelain et archevêque de Metz se nommait Drogon.

(9) C'est par exception qu'on peut noter des miracles qui sortent un peu de l'ordinaire : deux miracles moraux ; à Aix, un homme pour l'amour des saints remet sa dette à son débiteur ; un autre se réconcilie avec le meurtrier de son père (*Tr.*, II, 30). Un malade, ayant résolu dan

chent de l'autel, tombent la face contre terre, comme sous l'impulsion d'un coup de poing, puis, après une pâmoison ou une léthargie plus ou moins longue, précédée ou suivie de brusques hémorragies, ils se relèvent guéris. Les variantes ont en général peu d'importance : plusieurs des miracles sont préparés par des visions ; quelques-uns des malades poussent des cris; d'autres se donnent un mouvement inusité : la Berrichonne, dans son excitation, saute à plus de trois pieds de haut (1).

Ainsi, témoignages oculaires, relations d'assistants, traces matérielles, circonstances précises et variées, telles sont les preuves recueillies par Einhard touchant l'authenticité et la valeur de ses reliques. Cette argumentation *valait*-elle pour lui ? Faut-il croire à la candeur de sa dévotion ? Ou faut-il admettre, étant donnée sa culture relative, qu'il aurait dû s'étonner un peu plus qu'il ne l'a fait ?

Il n'est pas aveugle sur certains détails singuliers des miracles et fait preuve en les signalant d'un esprit d'observation assez vif. — Pour le miracle du sourd et muet Prosper (2), il note, comme une chose logique, qu'on dut le baptiser, parce qu'il ignorait son nom, et qu'il parla d'abord en langue germanique, puis en latin; il s'étonne que la possédée de Wiggon (3) emploie le latin et non sa langue maternelle; il insiste sur le fait que le serf d'origine anglaise (4), sourd et muet *ab infantia*, ignorait aussi son nom et ne parlait pas le latin, mais l'idiome vulgaire qui était celui de sa famille.

Ces remarques témoignent d'une véritable ébauche de sens critique. Au lieu de trouver tout naturel que la miséricorde infinie de Dieu accorde à un sourd et muet, en même temps que le don d'entendre, le don de parler une langue et même deux sans jamais les avoir apprises, il se

---

son testament de faire vendre un porc et d'en donner le prix aux saints est immédiatement guéri (*Tr.*, III, 36). Un prêtre fou est débarrassé à la fois de ses chaînes et de sa folie (III, 58). Un tonneau de bière se change en vin (II, 44). Le temps se rassérène sur le passage des reliques (III, 56).
(1) Ces circonstances disparaissent dans les deux premiers mémoires copiés par Einhard; elles réapparaissent dans la relation de Saint-Servais.
(2) *Tr.*, III, 54.
(3) *Tr.*, III, 50.
(4) *Tr.*, III, 37.

rend très bien compte qu'un être sourd et muet est complètement fermé à toutes les impressions de la parole et de l'ouïe, incapable de prendre connaissance du monde extérieur autrement que par l'interprétation rudimentaire des signes visuels; il admet qu'un homme ne peut connaître un nom qu'il n'a jamais entendu prononcer, ni parler une langue étrangère. Dès lors, puisqu'il est parfaitement capable de se rendre compte des conditions physiologiques et psychologiques de certaines guérisons miraculeuses, comment se fait-il que d'autres faits analogues ne le frappent pas ? Comment ne s'étonne-t-il pas que ce clerc, qui n'a jamais entendu sa langue maternelle, la parle assez couramment pour donner des détails précis sur sa famille? Comment ne s'étonne-t-il pas que la sourde et muette de naissance parle intelligiblement dès la première minute de sa guérison, désigne par son nom son notaire, rappelle son rôle dans la translation des martyrs ? Une seule explication est possible : ou bien il préférait ne pas aller jusqu'au bout de ses remarques, pour ne pas troubler la quiétude d'une foi qui lui était douce, ou bien il était trop crédule pour s'arrêter longtemps à des bizarreries qui auraient bien vite renseigné un Claude de Turin, ou un Agobard de Lyon. On peut s'en étonner : sa vivacité d'esprit et la finesse d'observation dont il fait parfois preuve auraient dû le rendre moins naïf ; cependant, s'il faut admettre qu'il s'est montré sur ce point moins éclairé que certains de ses contemporains, on n'a pas le droit de suspecter la sincérité de sa foi. Et pourtant, ses croyances étaient conformes à ses intérêts : Einhard, abbé laïque, devait en partie son importance sociale et politique à ses abbayes et au prestige des saints Pierre et Marcellin.

VI

Einhard était maître de plusieurs abbayes. Le cumul était alors toléré par l'Eglise, et l'abus seul provoquait des protestations. Dans la *Translation*, il insiste sur le domaine de Michelstadt (1), qui eut l'honneur d'abriter provisoirement les reliques et sur celui de Mülheim qui eut la joie de les garder, et où il se retira (2). Tous deux étaient situés en Germanie, dans le diocèse de Mayence, au milieu du pays boisé qui s'étend entre le Neckar et le Main, l'Odenwald, aujourd'hui dans la province de Starkenburg (Hesse).

Le premier, Michelstadt (3), dans le Plumgau, sur la ri-

---

(1) Il possédait Michelstadt et Mülheim depuis 815. La charte du 11 janvier 815, imprimée pour la première fois par FREHER (*Rer. Germ. Script.*, p. 63), réimprimée par TEULET (II, p. 411), figure dans les *Regesten* de BOEHMER-MÜHLBACHER (n. 349), et dans SICKEL (*Acta reg. et imp. Karol.*, II, 44, p. 97).

(2) Mülheim prit bientôt le nom de Seligenstadt ; Rudolf de Fulda, dans sa *Translation des reliques de Fulda*, employait déjà cette expression (*Mon. Germ., Script.*, XV^1, p. 329).

« ... ossa beatorum martyrum Marcellini et Petri.... in villa *quae prius* Mülheim, nunc autem *Saligunstadt* dicitur.... venerantur.... »

(3) *Descriptio locorum terminorumque villae Michelstadt ab ipso Einhardo facta* (*Chronicon Laureshamense*, dans *Mon. Germ., Script.*, XXI, 361) :

« Quoniam sunt quidam, qui fastu seculari turgentes et semetipsos amantes, a Christi fidelibus sacris ecclesiis seu monasteriis contradita invadunt, aut ut sibi hereditario jure retineant, aut mundiali baltheo in beneficio dividant, ego Einhardus, ne in his, quae de regia manu Hludowici imperatoris in loco Michlenstat contraxi manus iniquorum prevaleat, advertat obsecro fidelium tam sequentium quam presentium memoria, qualiter in unum sint collecta quibusve expressa vocabulis. Postquam enim locum prenominatum Laureshamensium dominationi subjugare disposui, adscitis quibus notum fuerat, terminum et vocabula locorum diligenter investigavi, et recenti memoria notarium meum Lutherum exprimere litteris jussi ; ea videlicet circumspectione, quia multorum monasteriorum eis praedia conjunguntur, et diversorum dominorum beneficia circumquaque terminantur. Haec igitur terminorum loca et locorum vocabula designantur hoc modo :

Dum a monte Mamenhart (*Momart, à une demi-lieue de Michelstadt*) incipiunt, et totum eundem montem usque ad plateam comprehendunt. A platea usque ad duplicem quercum ; inde inter Ulenburch (*Eulbach*) et Rumpheshusen (?) ad quercum ; de quercu in fluvium Bramaha (?) ; per hujus descensum in Vullinebach (?) ; per hujus ascensum usque ad lapideum rivulum (*Steinbach*) ; inde ad Willineburch (*Hainhaus, près Wurzbourg*), per unam portam intro, per alteram foras. Inde in ripam Euterun (*Euterbach*) ; per hujus descensum ad Langenvirst (*Langeforst*) ubi Langenvirst scinditur. Super Langenvirst ad Breitensol (*Breitung*) ; inde per Eichendal (*Rindengrund*) ad flumen Urtella (*la Sensbach*) ; Per hujus ascensum in Vinsterbuch (*près de Sensbach*) ; inde ad Pha-

vière de Mümling, était pourvu d'une église de bois, qui en marquait le centre, et qui était éloignée de trois milles environ des limites du domaine ; le second, Mülheim, situé dans le Maingau, était une villa moins importante, qui avait autrefois appartenu au comte Drogon. Elle renfermait aussi une petite église. Einhard possédait ces deux domaines en toute propriété avec leurs dépendances variées, églises, maisons, forêts, terres, prés, pâturages, eaux courantes, terres cultivées et incultes. Il exerçait les droits qui étaient attachés à la possession de ces domaines ; il possédait également les quatorze familles de serfs qui vivaient à Michelstadt et qui étaient au nombre de quarante, en comptant les femmes et les enfants, ainsi que les serfs qui habitaient les vingt-trois manses de Mülheim.

En 819, cependant, il donna Michelstadt avec ses dépendances aux moines de Lorsch, en s'en réservant l'usufruit. En quatre ans, le domaine avait augmenté de valeur : d'après le diplôme de 819, il y avait alors deux églises et cent serfs, au lieu de quarante (1).

Il se contente de faire allusion aux monastères qu'il possédait au moment où il écrivit la *Translation* : Saint-Jean-Baptiste des Dames à Pavie ; Saint-Bavon de Gand, au confluent de la Lys et de l'Escaut ; Saint-Pierre et Saint-Paul au Mont Blandin, à Gand également, Saint-Servais à Maëstricht, sur la Meuse, à huit lieues d'Aix (2).

---

phenstein Einhardi (*le Pfannenstein*). A Phaphensteine supra Richgeressneitten (*le Rickersgrund*) ; inde ad verticem Clophendales ad Clophenberk (*le Klafterberg*) ; inde in Cuningesbrunnen (*source dans la vallée du Maisengrund*) ; per hujus descensum in Mimelingen (*rivière de Mümling*) ; per hujus ascensum ad Manegoldescellam (*Klosterbrännen près de Hüttenthal*) ; ab hac in fluvium Mosaha (*la rivière de Marbach*) ; per hujus ascensum in Geroldesbrünnen (?) ; inde ad Ellenbogen (?) in flumen Branbach (*la Brombach*) ; per ejus descensum in Mimelingen, ex qua ad quercum inter Grascapht (*Grafschaft*) et Münitat (*territoire privilégié*) ; inde iterum ad montem Mamenhart. »
Pour l'identification des noms de lieu, voir Œsterley, *Historisch-geographisches Wörterbuch des deutschen Mittelalters* (1882).

(1) La charte du 12 sept. 819, publiée pour la première fois par Freher, *Rerum germ. Script.* (I, p. 64), a été déclarée fausse par Lecointe (*Annales eccles. franc.*, VIII, 110). Publiée par Teulet (II, p. 414) d'après le *Codex Lauresh.*, son authenticité est acceptée sans difficulté par Kurze (p. 35, 43).

(2) Il ne fait aucune mention de l'abbaye de Saint-Wandrille, qu'il

Les dates de l'abbatiat d'Einhard (1) pour ces différents monastères ne sont pas faciles à déterminer ; pour les établissements de Gand, les diplômes et les chroniques ne concordent pas ; il est vrai que ces dernières sont souvent des compilations rédigées postérieurement à l'époque d'Einhard, parfois avec beaucoup de négligence.

Le *Martyrologe de Gand* (2), et les *Annales de Saint-Bavon* (3) ne lui attribuent l'abbaye qu'à partir de 826. Cependant, dans un diplôme de 819, on le voit rétablir les moines qui avaient été dispersés après la mort de Briddo, son prédécesseur, et obtenir de Louis le Pieux la confirmation de leurs privilèges (4). Ce Briddo dut mourir en 816, d'après les *Annales* et une liste des abbés de Saint-Bavon, insérée dans le *Chronicon Blandiniense*, au cours d'un récit intitulé *De exordio civitatis Gandavensis*, probablement compilé par un moine de Saint-Bavon qui utilisa la *Chronique de Jean de Thielrode*, la *Genealogia comitum*, et le *Chronicon S. Bavonis Gandensis* (5). Il devint donc probablement abbé de Saint-Bavon entre 816 et 819.

---

avait cédée à l'abbé Ansegise de Saint-Germer de Flay en 823 (*Mon. Germ., Script.*, II, 293), et comme il ne fait non plus aucune mention du monastère de Saint-Cloud (près de Saint-Gall, d'après Teulet, II, 5, n. 2, et Bacha, *Etude sur Eginhard*, 45 ; près de Paris, d'après Pertz, II, 427, n. 15, et Kurze, p. 25), on peut croire qu'il ne le possédait plus ou qu'il ne le possédait pas encore, au moment où il écrivit la *Translation*.

(1) Il apparaît comme abbé de Saint-Servais en 819 ou 821, d'après une charte délivrée à un certain Meginfrid (Teulet, II, 419).

(2) Martyrologe du *Liber floridus* (début du xiie siècle) : « a. 826, Eynardus abbas Gandensis efficitur. »

(3) *A. S. Bavonis Gandensis, Mon. Germ., Script.*, II, 185 : « a. 816. Briddo abbas Gandensis obiit et postea facta est fratrum dispersio. — 826. Eynardus, capellanus Ludovici Piissimi imperatoris factus est abbas Gandensis cenobii. Qui anno 826 reliquias SS. Marcellini et Petri ibidem transmisit. — 844. Eynardus abbas Gandensis obiit. Successit Enkerikus ».

(4) Sickel, *Acta regum et imp. Karol.*, I, p. 105, n. 3 ; p. 348, n. 9 ; II, 136, p. 123 et 318. — Mühlbacher, *Reg.*, I, n° 669, p. 258.

(5) *De exordio civitatis Gandavensis*, dans Van de Putte, *Annales abbatiae S. Petri Blandiniensis*, 1842, p. 173. « ... Qui Eynoldus obiit.. a. 809, successit Briddo. — a. 813, totum cenobium Gandense intestino incendio destruitur. — a. 816, Briddo obiit et postea facta est fratrum

Pour Saint-Pierre au Mont-Blandin, dont il était le neuvième abbé, l'incertitude est la même. Son abbatiat n'aurait commencé qu'en 826, d'après le *Chronicon S. Petri Blandiniensis* (1), qui donne indirectement cette date, grâce à une liste de dons faits au monastère sous les différents abbés. Jusqu'en 826, les dons sont marqués sous son prédécesseur Folradus ; de 826 à 839, ils sont marqués sous Einhard ; après 839, pendant quelques années, ils sont marqués sans indication d'abbé. Cette liste est confirmée par une pièce d'une écriture du milieu du xiie siècle, *Series abbatum S. Petri Blandiniensis* (2), et une chronique des abbés de Blandigny, qui mentionne son prédécesseur Folradus. Cependant, comme il apparaît en qualité d'abbé de Saint-Pierre dans un diplôme du 2 juin 815 (3), c'est qu'il possédait l'abbaye dès cette époque. Il n'y a pas lieu d'attacher beaucoup d'importance aux chroniques de Gand, qui se copient les unes les autres et ne sont pas contemporaines.

C'est à titre d'abbé laïque qu'il possédait ces divers monastères. Rien ne permet de supposer qu'il ait reçu les ordres et rempli lui-même des offices religieux (4). Il se montre, dans la *Translation*, très assidu à la messe, aux services religieux du matin et du soir, mais ce n'est pas lui qui lit l'Evangile ; il en écoute la lecture, simple-

---

dispersio ; successit Eynardus qui a. 828 reliquias SS. Marcellini et Petri ibidem transmisit... qui Eynardus obiit a. 844. Successit Enkericus ».

(1) *Chronicon S. Petri Blandiniensis*, dans *Mon. Germ., Script.*, V, 23.

(2) Van de Putte, *Ann. S. Petri Blandiniensis*, p. 24 : *Series abbatum S. Petri Blandiniensis* : « Celestinus genere Scottus, abbatiam multis rexit diebus ; quo, ob invidiam, a Karolo principe ab abbatia privato et provincia expulso, locus iste pene ad nihilum est redactus, donec surrexit in eodem monasterio Ainardus. Ante Ainardum Scoranus et Folradus ; post Ainardum, Rotbertus. »

(3) Sickel, *Acta reg. et imp. Karol.*, I, p. 383 ; II, 56, p. 100, 306. C'est à tort qu'on a contesté l'authenticité de ce diplôme, à cause d'une invocation incorrectement reproduite par un scribe du xie siècle, qui avait mal transcrit une copie correcte du Xe siècle (Pirenne, *Bulletin de la Société royale d'histoire de Belgique*, 5e série, V, p. 107-130).

(4) Bacha (*Etude sur Eginhard*, p. 68 à 70) l'a démontré d'une manière très convaincante, contrairement à l'opinion de Pertz, qui le considère comme ayant complètement adopté la vie religieuse.

ment (1). A Aix même, dans son oratoire, ce sont des clercs qui célèbrent l'office de nones. Enfin, selon les canons, un prêtre, Hiltfrid, était spécialement attaché à l'église de Mülheim (2).

Seulement, depuis que le soin de ses abbayes l'absorbait de plus en plus, il se conformait aux mœurs religieuses. Il put néanmoins ne pas se séparer de sa femme, Imma (3), qu'il aimait tendrement, et qui, devenue pour lui une sœur chérie (*soror dilectissima*), continua jusqu'à sa mort à partager les soucis de l'administration de ses affaires.

Pour ses contemporains cependant, il apparaît toujours comme le *venerabilis abbas* de Seligenstadt, et c'est ainsi que sa physionomie est restée le plus vivante. Les brèves mentions de la *Translation*, complétées par les lettres et les documents fournis par les archives de ses abbayes, suffisent à montrer combien il prenait au sérieux son rôle d'abbé.

Il séjournait de préférence à Seligenstadt. Tout au moins, depuis 827 à 830 ou 831, la *Translation* nous apprend qu'il y retournait régulièrement après son séjour d'hiver au palais d'Aix. Mais il visitait assez souvent ses autres

---

(1) *Tr.*, I, c. 20 ; III, c. 37, c. 40, c. 54. On célèbre la messe sans lui, puisqu'on va le chercher pour le rendre témoin du miracle de Prosper.

(2) *Tr.*, III, c. 58 : « presbytero nostro Hiltfrid ». C'était lui qui avait été chargé d'aller chercher, avec le sous-diacre Filimar, les reliques volées à Soissons (*Tr.*, II, c. 25).

(3) Imma, femme d'Einhard, d'abord considérée comme la fille de Charlemagne d'après la tradition erronée de la *Chronique de Lorsch*, tradition reprise par Falk (*Forschungen zur d. G.*, XV, p. 657), fut ensuite considérée comme la sœur de Bernhard, évêque de Worms, parce que ce dernier, dans une lettre à Einhard (écrite en 826, avant la mort de cet évêque), parle d'elle comme d'une *soror dilectissima*. Le sens de la lettre, très mutilée, est si obscur, qu'on l'a longtemps attribuée à Einhard lui-même, comme le font Teulet (II, *lettre XXXII*, p. 51), qui la place en 830, et Desdevizes du Dézert (*Lettres de Loup de Ferrières*, p. 46, *Bibl. de l'Ecole des Hautes Etudes*, fasc. 77e) qui la place en 839. La plupart des critiques ne croient pas aux liens fraternels de Bernhard et d'Imma. En fait, l'adjectif *dilectissima* exprime plutôt une tendresse mystique qu'une tendresse fraternelle. Voy. Bacha, *Et. sur Eginhard*, p. 37 ; Wattenbach, *Deutschlands Geschichtsq.*, 5e éd., 1885, p. 173 ; Simson, *Ludwig d. fr.*, II, 160 ; Hampe *Neues Archiv*, XXI, p. 628, et *Mon. Germ.*, Epistolae, III, p. 121.,

abbayes. En 819 ou 821, on le trouve à Saint-Servais, où il délivrait une charte. En 824, il était probablement à Saint-Cloud, où il souscrivait une charte d'échange avec l'abbesse d'Argenteuil, Théoderade (1). Après Seligenstadt, il semble avoir affectionné particulièrement ses monastères de Gand. Il était à Saint-Bavon en 827 au moment où les reliques furent apportées en France (2); il s'y était réfugié en 830, lorsque l'impératrice Judith l'avait sommé de la rejoindre à Compiègne. Au 21 janvier de la même année, il souscrivait un acte de précaire à Saint-Pierre au Mont-Blandin. Le 7 septembre 839, il était encore dans ce monastère, où il souscrivait un acte analogue : il avait donc fait un long voyage, à la veille de sa mort, pour revoir, une dernière fois, ses moines de Gand. Mülheim (ou Seligenstadt) restait cependant son séjour de prédilection. C'est lui qui en avait créé l'importance, en y établissant ses reliques et un monastère. Lorsque l'empereur lui avait donné cette terre, c'était seulement un village enfoncé dans la forêt. Michelstadt avait plus d'importance : c'était là en effet qu'il avait fait construire une église, des maisons, et projeté d'abriter ses reliques (3); il y avait même apporté tous ses soins : sa fierté d'archi-

(1) S'il est exact que ce soit en qualité d'abbé de Saint-Cloud qu'il ait souscrit cet acte (JAFFÉ, *Bibl. rer. germ.*, IV, 494). Les rapports devaient en tout cas être assez fréquents entre l'abbaye d'Argenteuil et Einhard. Dans *l'Obituaire* du prieuré, son obit est marqué au 16 mars (LONGNON, *Obituaires de la province de Sens*, 1903, p. xvii, xviii, 345).

(2) *Tr.*, I, c. 14.

(3) KURZE (p. 41) critique une restitution de Pertz, dans les *Annales Fuldenses antiquissimi*, qui lui permet de lire à l'année 821 une dédicace de l'église de Michelstadt. Kurze fait justement remarquer que cette dédicace ne peut s'appliquer à l'église construite par Einhard, puisqu'il en parle, en 827, comme étant *noviter a me constructam* (*Tr.*, I, 8) On peut ajouter que la confusion des deux églises est impossible : celle d'Einhard n'était pas dédiée en 827, puisqu'à cette époque il cherchait encore les saints sous l'invocation desquels il voulait la placer.

D'après KURZE (p. 40) la basilique construite par Einhard à Michelstadt se retrouverait dans un couvent de femmes à Steinbach, près de Michelstadt, où subsistent encore des constructions carolingiennes ; on a même cru retrouver une crypte, analogue à celle de Rome, qu'Einhard avait fait aménager pour recevoir ses martyrs (SCHNEIDER, *Annalen des Vereins für nassauische Alterthumskunde und Geschichtsforschung*, XIII, 1874, p. 99-114).

tecte se trahit par l'appréciation modeste, mais bien sentie, qu'il en fait : « C'était, dit-il, une basilique d'une construction assez remarquable (1) ». Mais les circonstances l'ayant amené à transporter ses reliques de Michelstadt à Mülheim, où l'on avait fait, à la hâte, quelques préparatifs pour les recevoir, il lui fallait se préoccuper de donner à ses saints une demeure digne d'eux et des prêtres pour les servir.

Les saints se contentèrent d'abord d'un abri provisoire dans l'église qui existait déjà et qui semble avoir été assez petite, puisque, le jour de l'arrivée des reliques à Mülheim, la messe dut être célébrée en plein air. Dès que cela lui fut possible, Einhard fit construire une nouvelle église (*Tr.*, Il, 7). Les canons ecclésiastiques l'y autorisaient, à condition d'obtenir la permission de l'empereur, l'assentiment de l'évêque, et d'y assurer la célébration du service divin (2). Il avait le devoir et le droit de désigner lui-même le prêtre chargé de cet office.

Les constructions de l'église nouvelle durent être commencées presque immédiatement; deux ou trois ans après l'arrivée des reliques, les parties essentielles devaient en être terminées, puisqu'il pouvait dire dans la *Translation* que les martyrs reposaient dans la nouvelle basilique, construite un peu à l'est de l'ancienne (3). C'était une

---

(1) *Tr.*, I, c. 2.

(2) *Karoli Magni Capitula ecclesiastica*, en 801 (Mansi, *Concilia*, XIII, 1067).

« c. 18. De ecclesiis, sive sanctis, noviter sine auctoritate inventis, nisi episcopo probante minime venerentur : salva etiam et de hoc et de omnibus ecclesiis canonica auctoritate ».

Synode de Salzbourg, en 803-804 (XIII, 1070).

« c. 3. Quicumque voluerit in sua proprietate ecclesiam aedificare, una cum consensu et voluntate episcopi, in cujus parochia fuerit, licentiam habeat. Verumtamen omnino providendum est, ut aliae ecclesiae antiquiores propter hanc occasionem nullatenus suam justitiam aut decimam perdant, sed semper ad antiquiores ecclesias persolvantur ».

Ludovici Pii Imperatoris capitula... post synodum Aquisgranensem, en 817 (*Mon. Germ., Capitularia reg. franc.*, I, 277). « c. 11. Statutum est, postquam hoc impletum fuerit, ut unaquaeque ecclesia suum presbyterum habeat, ubi id fieri facultas providente episcopo permiserit ».

(3) Un malade se dirige « ad ecclesiam veterem quae occidentem versus a nova basilica, in qua martyres tunc quiescebant, parvo spatio distabat » (*Tr.*, III, c. 40).

église (1) construite d'après le modèle ordinaire. Le chœur, où étaient l'autel et la châsse des reliques, était séparé du reste de l'église par une grille. Le mur occidental était percé de trois portes, dont on peut voir encore les traces, malgré les restaurations modernes. Devant les trois portes de la façade se dressait un porche, qui tenait presque toute la largeur de l'édifice, et devait communiquer avec les bâtiments voisins, puisque Einhard le traversait, la nuit, pour assister à l'office. Près de l'entrée occidentale se dressait une tribune (*cœnaculum*), sorte d'oratoire ou d'arrière-chœur, qui fut probablement plus tard relié à l'abbaye ; c'est de là qu'Einhard assistait au service divin, et c'est là qu'il avait fait placer la châsse contenant le doigt de saint Hermès. A l'entrée de l'église s'élevait la maison du portier et la tour de la cloche (2).

Mais ces constructions demandèrent du temps, à cause des difficultés qui surgirent en grand nombre. En 830, la dédicace n'était pas encore faite ; Einhard à cette date s'excusait auprès d'Hetti de négligence, pour n'avoir pas encore accompli la cérémonie solennelle de la dédicace (3). En 833, l'église n'était pas assez avancée pour

---

(1) On pourrait croire qu'Einhard fit bâtir deux églises à Mülheim : l'une avant 827, qui abritait les saints entre 827-830 ; l'autre, après 831, qui n'était pas encore finie vers 833 (Hampe, *Neues Archiv*, XXI, 613 ; Bacha, *Etude sur Eginhard*, 57, 58). Cependant, on peut se demander s'il est vraisemblable d'attribuer les constructions de 831 à 833 à une troisième église ; avant 827, Einhard n'avait aucune raison d'en faire construire une nouvelle ; après 827, il ne pouvait en faire construire une qu'en l'honneur de ses saints, et comment admettre qu'il en ait fait construire deux dans l'espace de quatre ou cinq ans ?

(2) Schneider, *Über die Gründung Einharts zu Seligenstadt*, dans *Annalen des Vereins für. nass. Alterthumskunde*, XII, 1873, p. 290-308. Bruder, *Die heiligen Martyrer*, III, p. 204.

(3) Teulet, II, *lettre X*, à Hetti, abbé de Mithlach, archevêque de Trèves de 814 à 847. Par erreur, on a longtemps placé cette lettre au moment où Hetti dédia, le 12 novembre 836, à Coblentz, une église à saint Castor et à tous les saints confesseurs (p. ex., Simson, *Ludwig der fromme*, II, 61). Il s'agit, dans cette lettre, de l'église de Vallendar sur le Rhin, placée sous l'invocation des saints martyrs, et où, pendant longtemps on a conservé leurs reliques (*Martyrologe de Cologne et de Lubeck*, 1490) ; AA. SS., Jun., p. 171). — Hampe (*Mon. Germ.*, *Epist.*, III, p. 132) place cette lettre entre 826 et 840 et semblerait assez disposé à la croire de 836 (*Neues Archiv*, XXI, 625, 628, 629). Kurze la

qu'on s'occupât de la couverture puisqu'il négociait un achat de plomb à cet effet (1).

Les raisons de cette lenteur étaient probablement le manque d'argent ou la jalousie des voisins envieux de la renommée croissante de Seligenstadt. Il ne trouvait pas aussi, peut-être, des ressources suffisantes parmi ceux qui, d'après les canons ecclésiastiques, étaient tenus de coopérer à la construction de l'église (2); son domaine n'était pas assez important pour que ceux qui dépendaient de lui pussent l'aider utilement. Il était donc forcé de recourir aux abbés ou aux évêques voisins, qui se faisaient sûrement prier, car, à plusieurs reprises, Einhard dut faire valoir auprès d'eux des ordres de l'empereur, auxquels ils n'osaient résister.

Vers 833 ou 834, peut-être même avant (3), il réclamait de Louis le Germanique un ordre qui forçât un évêque (4)

---

place entre 828 et 829. Elle doit cependant dater de 830, car les passages qui se rapportent à la situation politique font allusion à une situation troublée qui est très probablement la guerre civile.

(1) Teulet, II, *lettre XLVI*.

(2) *Concile de Chalon* (813), c. 24. — *Concile d'Arles*, (813), c. 25. « ... Ut si quis beneficium de rebus ecclesiae habet, ad tecta ejusdem ecclesiae restauranda, vel ad ipsas ecclesias aedificandas omnino adjuvet » (Mansi, *Concilia*, XIV, p. 62).

(3) Teulet, II, *lettre LI*. La date et l'attribution de la lettre sont très discutées. Kurze, *(Einhard*, p. 71), la place vers 833 ou 834. Hampe (*Neues Archiv*, XXI, 616), avec un point d'interrogation, en 834. Teulet (II, p. 90) pense qu'elle est adressée à Lothaire, à un moment où celui-ci est seul empereur. Hampe et Kurze indiquent Louis le Germanique et en effet les termes de la lettre ne permettent aucun doute à cet égard. Ce ne peut être Lothaire, au moment de son triomphe sur l'empereur. Le prudent Einhard n'insisterait pas alors pour appeler Louis le Pieux *Dominus meus,... domini et genitoris vestri...* ; il lui donnerait non pas le nom de *rex* mais d'*imperator*. Il est naturel, au contraire, qu'Einhard appelle Louis le Germanique *dominus meus rex* puisque son abbaye de Seligenstadt était située dans la partie de l'empire qui avait été attribuée à Louis le Germanique, lors du partage de 817. — De plus, les trois lettres LI, LII, LIII, sont adressées au même personnage; la troisième ne peut être adressée qu'à Louis le Germanique ; les deux autres aussi par conséquent. La lettre a peut-être été écrite dès 829, à un moment où Einhard pouvait promettre à Louis la protection des saints martyrs contre les entreprises *des malins esprits et des gens pervers*.

(4) L'évêque de Mayence, d'après Kurze (p. 71); l'évêque de Wurzbourg, d'après Hampe (*Neues Archiv*, XXI, p. 615).

et un abbé (1) de coopérer à la construction de la basilique des martyrs. On ne sait ce qu'il advint de cette aide, mais cependant, vers le même temps, peut-être un peu plus tard, les édifices nécessaires au culte des deux saints, l'église et ses dépendances, n'étaient pas encore achevés. Einhard exprimait le dessein de les augmenter et de les embellir encore; et cependant, ils devaient s'être singulièrement étendus puisque, dans une nouvelle lettre, Einhard réclamait de Louis le Pieux une démarche nécessaire pour conférer aux saints martyrs la pleine propriété du lieu où reposaient leurs reliques (2). Comme Einhard possédait déjà Mülheim depuis 815, on doit supposer, comme l'ont fait ses biographes (3), qu'il avait été obligé d'empiéter sur un territoire étranger à son propre domaine pour construire la nouvelle église. Il n'avait pu en effet l'élever sur l'emplacement de l'ancienne (4), puisqu'il avait dû conserver celle-ci provisoirement pour abriter ses reliques, tant que l'autre ne serait pas prête; il l'avait fait placer tout près, un peu à l'est. Ce territoire appartenait au chapitre de Saint-Martin, ou chapitre métropolitain de Mayence; un échange avait déjà été fait entre Louis le Pieux et Otgar de Mayence, mais une nouvelle démarche impériale était nécessaire pour assurer aux martyrs la propriété pleine et entière du lieu où reposaient maintenant leurs corps sacrés, c'est-à-dire la délivrance de toute obligation vis-à-vis du chapitre de Saint-Martin. Einhard profitait de l'occasion pour demander à l'empereur de conférer aux moines de Seligenstadt, après sa mort,

---

(1) Folkwig, abbé de Weissenburg de 830 à 833 (Kurze, *Einhard*, p. 72).
(2) Teulet, II, *lettre LXXI*, diversement datée, adressée à Louis le Pieux. Hampe (*Neues Archiv*, XXI, p. 605), la place dans les premiers mois de 830; Kurze (p. 52) en mars 830, parce qu'Einhard demande encore la permission de « ne plus s'occuper des affaires de ce monde ». Il serait bien invraisemblable qu'Einhard ait adressé à Louis cette lettre, une des plus énergiques qu'il ait écrites, au moment où il se disait malade à la mort et écrivait à l'empereur des lettres lamentables pour obtenir la permission de se retirer loin des troubles.
(3) Teulet (II, p. 129), Kurze (p. 50).
(4) Comme le dit Kurze (p. 71). Hampe (*Neues Archiv*, XXI, 614) suppose cependant qu'il laissa tomber en ruines la vieille petite église pour construire la nouvelle, c'est-à-dire la deuxième.

une partie de ses bénéfices (1). D'ailleurs, il ne devait pas réussir à terminer complètement son église ; ce fut Ratleik, son successeur, qui y mit la dernière main (2).

On a moins de renseignements sur la construction du monastère de Seligenstadt. On a beaucoup discuté sur la question de savoir si Einhard se contenta de réunir à Mülheim des prêtres et des clercs chargés du service de l'église ou s'il y établit une communauté religieuse. D'après Kurze, en 827, les constructions du monastère n'étaient point finies (3), les privilèges nécessaires manquaient encore, mais les moines étaient là. Cela n'est guère probable. Avant 827, il n'y avait à Mülheim ni monastère (4), ni moines. Ce fut de Maëstricht, c'est-à-dire de son abbaye de Saint-Servais, qu'il envoya des prêtres et des reliques au devant des martyrs. Cela s'explique tout naturellement : jusqu'à la dernière minute, les reliques furent destinées à Michelstadt. Cependant, une fois la seconde translation faite, dès le début de 828, des clercs furent désignés pour célébrer l'office divin en l'honneur des martyrs (5). Par la force des choses, l'importance croissante de l'église dut rendre nécessaire la création d'un monastère. La lettre d'Ein-

(1) TEULET, II, *lettre LXXI.*
(2) KURZE (p. 78). Raban dans *Mon. Germ.*, *Poetae aevi Carol.*, II, p. 240.

Hos Christi testes, Romana ascivit ab urbe
Vir probus Ainhardus constituitque locum :
Cujus successor perfecta presbyter aula
Ratlaicus sanctis condidit hunc titulum.

Ratleik se préoccupa non seulement d'achever mais d'embellir l'abbaye de Seligenstadt. Loup de Ferrières, écrivant en 847 à Marcward de Prüm, lui apprenait que Ratleik faisait exécuter la copie d'un manuscrit pour le lui donner, et il demandait à Marcward de lui faire envoyer les tableaux que le peintre Hilpericus avait consacré aux saints martyrs *(Lettre LX)*. — LEVILLAIN, *Etude sur les lettres de Loup de Ferrières* (*Bibl. de l'Ecole des Chartes*, 1902, p. 113, 569 et 572).
(3) KURZE (p. 45.)
(4) HAMPE (*Neues Archiv*, XXI, 614) remarque qu'il ne fait aucune allusion dans la *Translation* à un *monasterium* ou à un *cenobium* et que le monastère par conséquent ne fut fondé qu'après 830.
(5) *Tr.*, I, 21.

hard aux moines de Seligenstadt (1) prouve l'existence d'une communauté religieuse consacrée au service de Dieu et de ses saints. Einhard est toujours désigné par son titre d'abbé. La translation des reliques entraîna donc la création d'une abbaye de bénédictins qui se glorifia de posséder les restes d'Einhard et d'Imma (2), prit rapidement une grande importance et prospéra sous la direction de cinquante-six abbés qui se succédèrent jusqu'en 1722 (3).

Les *Chroniques* et les *Cartulaires* de Gand fournissent plus de détails sur le rôle joué par Einhard vis-à-vis de ses abbayes du nord de la France orientale.

Les monastères de Saint-Bavon et de Saint-Pierre au Mont-Blandin, près de Gand (4), étaient situés dans la région avoisinant l'Escaut et la Lys et les moines possédaient de nombreux domaines disséminés dans le pays Gantois et en Brabant. C'était un pays en partie couvert de forêts ou semé de marécages et de landes incultes : dans les domaines de Saint-Bavon figurait précisément un vaste pré communal appelé Eynaerdstriest (peut-être en souvenir de l'ancien abbé), et qui avait dû être autrefois un vaste terrain broussailleux (5). Mais ce pays était traversé par une grande voie commerciale, et Gand, qui devait son origine à une colonie de marchands, allait devenir un important entrepôt pour les commerçants qui, par les voies fluviales, faisaient les échanges entre la Germanie,

---

(1) Teulet, II, *lettre LXIV*, datée par Bacha de décembre 828 (*op. cit.*, p. 48, 51); par Hampe, entre 834 et 840 (*Mon. Germ., Ep.*, III, 136); par Kurze en 839 (*Einhard*, p. 89).

(2) Teulet, *Œuvres d'Eginhard*, éd. fr., 1856, xv, n. 21. — *Der Katholik*, 1872, II, 555 : *Die Gebeine des Einhards, der Imma und Gisla in der Kirche zu Seligenstadt.*

(3) *Gallia Christiana*, V, 629. — Weinckens, *Eginhartus illustratus et vindicatus*, 1714. — Ulysse Chevalier, *Topo-bibliographie*, 2ᵉ éd. 1903 : Seligenstadt, p. 291.

(4) Le *pagus Gandensis*, l'un des pagi de l'ancienne *civitas Menapiorum*, était situé entre les Quatre-Métiers, Waës, l'Escaut, le *pagus Curtracensis* et le *pagus Flandrensis* (Van der Kindere, *Formation des principautés belges*, 2ᵉ édition, 1902, t. I, 280).

(5) Van Lokeren, *Histoire de l'abbaye de Saint-Bavon*, 1855; Pirenne *Histoire de Belgique*, 1900, I, 46.

la France orientale, la Flandre et l'Angleterre (1). Les détails assez confus des *Annales* ne donnent qu'une idée très vague des rapports des empereurs francs et des comtes flamands (2), qui devaient plus tard joindre à leur autorité de grands propriétaires terriens la dignité d'abbés de Saint-Pierre. Mais au début du ix⁰ siècle, l'empereur était maître de disposer des abbayes en bénéfice, pour récompenser ses propres fidèles et Einhard s'était empressé de faire confirmer les privilèges des moines de Saint-Pierre et de Saint-Bavon (3) par Louis le Pieux, ce qui lui assurait en même temps une autorité considérable, puisque par là, l'empereur se dessaisissait en sa faveur de toute autorité judiciaire ou financière sur les hommes qui habitaient sur les terres de l'abbaye, tant ingénus que serfs.

Soucieux d'augmenter l'importance de ses monastères, il favorisa les donations de terres : deux chartes de précaire (4), un passage des *Annales Blandinienses* (5), complété par une liste détaillée des dons faits sous Einhard (6), précisent à la fois la nature et la valeur des terres que les moines de Saint-Bavon acquéraient ainsi et le cens qu'ils exigeaient en retour. Ils en cultivaient eux-mêmes une partie. Ils avaient reçu d'Einhard des *terrae dominicatae* d'un assez bon revenu, si l'on en croit une lettre de l'abbé lui-même, reproduite dans un « mémoire » inséré dans les registres des privilèges de l'abbaye (7).

---

(1) Le clerc anglais sourd et muet était venu probablement avec les marchands qui revenaient des côtes flamandes vers le sud (*Tr.*, III, c. 37).

(2) *Annales Formosolenses*, dans *Mon. Germ. Script.*, V, 35. — *A. Blandinienses*, ibid. V, 23, 24. — Pirenne, *Histoire de Belgique*, I, 46. — Pirenne, *Bulletin de la Société royale d'histoire de Belgique*, 5ᵉ série, V, p. 113. — Van der Kindere, *Bulletin......*, 5ᵉ série, VII, p. 104.

(3) Diplômes des 2 juin 815 et 13 avril 819 (Muhlbacher, *Reg.*, nᵒˢ 561 et 669).

(4) *Acte de précaire en faveur d'Engelhard; acte de précaire en faveur de Norbert* (Teulet, II, p. 425, 427) ; — Van Lokeren, *Pièces et documents de l'abbaye de Saint-Pierre au Mont-Blandin*, 1868, p. 17, 18).

(5) *Annales Blandinienses* (*Mon. Germ., Script.*, V, 23).

(6) *Noticia de rebus quas dederunt elemosinarii S. Petri ad monasterium Blandiniense* (Van Lokeren, *Pièces et documents....*, p. 11 et suiv.)

(7) Cette lettre qui ne figure pas dans le recueil des *Monumenta Germaniae*, in-4°, était contenue dans un registre ancien du xᵉ siècle qu'on a appelé le *Liber traditionum* de l'abbaye. Publiée d'abord par Van de Putte dans un *Mémoire sur la mise en culture de la Flandre occidentale*,

Ces abbayes n'étaient pas seulement, d'ailleurs, une source de revenus pour les moines ; elles l'étaient aussi pour Einhard. Pour Seligenstadt, on sait seulement que le service des martyrs lui valut de riches présents. Lors du séjour des reliques à Aix (1), il reçut de Judith une belle ceinture, tissue d'or et de pierres précieuses, du poids de trois livres et, de Louis le Pieux, le petit domaine de Ludovesdorf, sur l'Ahr, qui comprenait quinze manses et cinq arpents de vignes. Pour les monastères de Gand, on a quelques renseignements sur les redevances, en argent ou en nature, payées par les bénéficiaires, mais trop incomplets pour qu'on puisse savoir exactement la part qui revenait à l'abbé ou aux moines.

On peut cependant se rendre compte de la manière dont Einhard administrait ses revenus. Il avait grand soin de ne pas les diminuer en laissant ses clercs émigrer sur des terres voisines (2). Il autorisa (3) le clerc Otmar à vivre avec ses frères et sa mère auprès de l'évêque Jacques (4) à condition que ce clerc continuerait à payer le cens annuel à l'abbaye de Saint-Servais.

Il exigeait les redevances en bonne monnaie et les faisait percevoir par un agent, spécialement désigné, que les moines de l'abbaye et le vidame chargé de ses intérêts devaient aider dans sa tâche (5). Lorsque les redevances lui semblaient maigres, il ne craignait pas de réprimander sévèrement le bénéficier négligent (6), avec une âpreté

---

elle a été reproduite plus correctement par H. PIRENNE, *Bulletin de la Société royale de Belgique,* 5ᵉ série, V, p. 126-135, d'après un manuscrit des Archives de Bruxelles (n° 93 *bis*) du fonds des Cartulaires et Manuscrits.

(1) *Tr.*, II, c. 29.
(2) Les clercs ne devaient pas passer d'une église à une autre sans l'assentiment et des lettres de recommandation de leurs supérieurs.
(3) TEULET, II, lettre V.
(4) Peut-être Jacobus, chorévêque de Langres (d'après HAMPE, *Mon. Germ., Ep.*, III, p. 136).
(5) Lettre au vidame Erembert et au prêtre Liuthard sur la mission confiée au prêtre Willibald (TEULET, II, *lettre XII*).
(6) Lettre de réprimande au vidame de Fritzlar (près de Cassel, dans la Hesse électorale) qui lui avait envoyé seulement trente médiocres porcs et trois muids de légumes, à la place du grain promis pour faire de la farine et de la bière (TEULET, II, *lettre XXXVII*).

qu'on regrette de rencontrer chez un homme qui savait être si tendre avec ses amis et, à l'occasion, si humble. Il avait coutume, le cas échéant, de réclamer des corvées des hommes qui dépendaient de lui. Il lui suffisait, pour approprier et remettre en état sa maison d'Aix, quand il se disposait à y passer l'hiver, d'envoyer ses ordres à son vidame de Saint-Servais (1). Quand, par hasard, ses droits étaient méconnus, il s'empressait de les faire valoir (2). Un comte ayant élevé des prétentions sur quelques-unes des manses du monastère de Seligenstadt, au mépris de ses privilèges, il soutint, par une démarche personnelle, les réclamations qu'il avait fait faire préalablement par son avoué (3).

Mais il ne songeait pas seulement à ses abbayes au moment de toucher ses revenus. Il se considérait comme le protecteur de ses hommes et le père spirituel de ses moines. Il récompensait un de ses serviteurs dévoués en lui donnant la franchise, afin qu'il pût entrer dans les ordres sacrés (4). Il intervenait auprès des comtes voisins

(1) TEULET, II, lettre XXIII.
(2) TEULET, II, lettre L.
(3) L'avoué (advocatus), chargé de s'occuper de l'administration et des intérêts temporels des abbayes et des églises, se confondait quelquefois avec le vidame qui avait un rôle analogue. Comme Einhard emploie les deux termes (advocatus et vice dominus), il avait probablement deux agents chargés de fonctions distinctes. Mais il emploie le premier terme en parlant de Seligenstadt, le second, lorsqu'il s'agit de ses autres abbayes.
(4) Charte en faveur de Meginfrid délivrée par Einhard, abbé de Saint-Servais, en 819 ou 821 (TEULET, II, p. 419,).
Cette charte écrite en notes tironiennes et d'abord publiée par D. CARPENTIER (Alphabetum tironianum, 1747, ch. XLVII, p. 76-77), comporte une date erronée :
anno Christo propitio Imperii Domni Hl.   VI, indict. XIIII
il faut lire : anno...................... VI, indict. XII = 819
ou bien : anno...................... VIII, indict. XIV, = 821.
Un serf ne pouvait être reçu dans les ordres sans avoir été préalablement affranchi. Cependant, dans une autre charte souscrite par Einhard, on le voit échanger un prêtre serf contre deux autres serfs (JAFFÉ, Bibl. rer. germ., IV, 494). En 824, cet acte d'échange fut passé avec Théoderade, abbesse d'Argenteuil, en qualité d'abbé de Saint-Cloud,

pour servir leurs intérêts ou pour les défendre, le cas échéant. En 832, il réclama auprès du missus impérial qui avait injustement mis à l'amende quelques-uns des hommes de ses abbayes de Gand pour défaut de service militaire (1). Il était heureux de pouvoir invoquer la protection de ses saints pour protéger les malheureux qui venaient invoquer dans leur église le droit d'asile. Il intervint auprès du comte Poppon, en faveur de deux suppliants, incapables de payer la composition, pour avoir volé du gros gibier dans une forêt seigneuriale (2) ; auprès de Blidthrut, abbesse de Machesbach, sous le nom d'Imma, en faveur du serf Wenilon, qui s'était marié avec une femme libre (3) ; auprès du comte Hatton, en faveur du serf Hunno, qui n'avait pas attendu le consentement de son maître pour se marier (4) ; auprès du vidame Marchrad, pour deux serfs de Saint-Martin qui demandaient à payer la composition d'un meurtre commis par leur frère (5) ; auprès d'un évêque enfin, pour lui demander de faire grâce de la peine du fouet et de la mutilation à un serf de Notre-Dame, qui avait commis un meurtre dans une rixe, et de l'autoriser à composer à prix d'argent (6).

Quant à ses moines, c'est pour eux qu'il rédigea la *Translation* ; les *Annales de Sithiu*, si on les lui attribue (7), furent probablement écrites pour ses moines de Gand,

---

d'après Kurze ; de Blandigny, d'après Teulet (II, p. 423), qui fait très justement remarquer que le vidame qui a signé cet acte, *Egisharius*, est le même que le vidame de Blandigny.

(1) Teulet, II, *lettre XXII*.
(2) Teulet, II, *lettre VII*.
(3) Teulet, II, *lettre XV*.
(4) Teulet, II, *lettre XVI*.
(5) Teulet, II, *lettre XVIII*.
(6) Teulet, II, *lettre XXV*.

Si le synode de Paderborn, en 785, permettait aux fugitifs réfugiés dans une église d'y rester en paix, jusqu'au moment où ils devaient comparaître devant le *placitum*, les conciles cependant faisaient une obligation aux chefs ecclésiastiques de renvoyer dans leur pays et leur église les transfuges : « ... ut unusquisque episcopus in sua parrochia presbyteros vel diaconos diligenter inquirat et fugitivos omnes clericos ad loca sua redire jubeat, et propriis episcopis, aut rectoribus quaerentibus reddat » (Concile d'Arles, 813, c. 24). — Mansi, *Concilia*, t. XIV, col. 62.

(7) Voy. Kurze, p. 38, 69.

et il n'était jamais si heureux que lorsqu'il se trouvait au milieu d'eux (1), d'autant plus que son abbaye devait lui servir de refuge, au moment des guerres civiles entre Louis le Pieux et ses fils.

VII

La *Translation* en effet fournit des indications précieuses sur la vie politique d'Einhard. Les passages qui se rapportent à la situation qu'il occupait à la cour, à ses voyages annuels, au but mystérieux de la mystérieuse révélation d'Aubri posent deux questions. A quel moment a-t-il abandonné les fonctions qu'il exerçait au palais ? Quel fut son rôle dans la révolution de 830 et pendant les troubles qui suivirent ?

La plupart des biographes d'Einhard, inconsciemment guidés par la nécessité de faire coïncider la date de l'interruption des *Annales regni Francorum* avec sa retraite, fixent en 830 l'année où il se retira de la vie publique. Avant 830, Einhard, conseiller politique très influent auprès de Charlemagne et de Louis le Pieux, chargé de fonctions spéciales qui exigeaient sa présence régulière à Aix, où il avait une maison, aurait, après 830, renoncé aux affaires mondaines et se serait réfugié dans son monastère de Seligenstadt.

Il semble bien, cependant, que la transformation de sa vie, à partir de cette époque, n'ait pas eu ce caractère de retraite complète. Son âge, son amour de la tranquillité devaient l'obliger à prendre aux affaires une part moins active qu'autrefois, mais, après 830, il continua à exercer certaines des fonctions qu'il exerçait auparavant. Si, aux moments critiques, il sut fort habilement s'abriter

---

(1) Bacha (*op. cit.*, p. 61 et suiv.) a montré quelle vie paisible il menait à Seligenstadt au milieu de ses moines et des pèlerins qu'attirait la renommée toujours croissante des martyrs.

M. Bondois. *La Translation.*

derrière les murs de ses abbayes, il ne cessa jamais ses rapports avec l'empereur, même au moment des troubles. Il assista encore aux assemblées annuelles. Devenu un des abbés bénéficiaires les plus influents par son âge, son expérience passée, son autorité morale et intellectuelle, il ne pouvait se désintéresser des affaires publiques et s'y intéressa en effet jusqu'à sa mort.

On a vu que la date de la composition de la *Translation* ne pouvait servir à fixer le moment de sa retraite. Il faudrait d'ailleurs expliquer tout d'abord ce qu'on entend par ce mot. Ce ne peut être la cessation de ses fonctions officielles au palais : il n'a jamais été lié par des devoirs de chapelain (1) ; on a des notions trop vagues sur son rôle de directeur des travaux impériaux pour en marquer la fin à cette époque autrement que par des hypothèses très aven-

(1) Cette assertion fausse se rencontre dans les *Annales S. Bavonis Gandensis*, dont les indications sont souvent sujettes à caution : « 826 : Eynardus capellanus Ludovici piissimi imperatoris factus est abbas Gandensi cenobii » (*Mon. Germ.*, II, 185) et dans la *Chronique de Lorsch* dont il est impossible d'accepter le témoignage sur ce point : « Einhardus... archicapellanus notariusque imperatoris Karoli » (*Mon. Germ.*, XXI, 358). Les chapelains de Charlemagne et de Louis le Pieux furent Angelramne, Hildebold, Hilduin, Foulque, Drogon, Ebroïn. Comme Einhard n'apparaît nulle part ailleurs, dans les documents contemporains, avec le titre d'archichapelain ou de chapelain, on s'explique difficilement, sinon l'erreur de la *Chronique de Lorsch*, qui devait essayer de relever la condition du héros de sa légende, du moins celle des *Annales de Saint-Bavon*. Peut-être y eut-il confusion entre son rôle de notaire et celui de chapelain (Sickel, *Acta reg. et imp. Karolin.*, I, p. 105, n. 3 ; p. 348, n. 9). Peut-être le chroniqueur de Saint-Bavon a-t-il voulu montrer en Einhard, non pas le directeur de la chapelle royale, mais un membre de cette chapelle. Les chapelains, clercs de noble condition, étaient élevés à la cour et on choisissait parmi eux les plus intelligents, pour leur confier des missions délicates. En récompense de leurs services, on leur réservait les riches abbayes, les églises des villas royales, les évêchés. Voy. Hincmar, *De ordine palatii*, éd. Prou, *Bibl. de l'Ecole des Htes-Etudes*, fasc. 58, 1885, p. 42). Il ne serait pas invraisemblable de compter parmi ces *capellani* Einhard, élevé familièrement avec les enfants de Charlemagne, chargé par lui de missions importantes, récompensé de nombreux bénéfices par lui et par son fils.

tureuses, et il continue bien après 830 à remplir son rôle de secrétaire impérial (1).

Depuis le règne de Louis le Pieux, il semble avoir été chargé en partie de la correspondance de l'empereur, en qualité de secrétaire. C'est peut-être à ce titre qu'on le voit figurer en 820 (2), comme témoin dans une transaction entre Bernard, évêque de Worms, et un certain comte Huc (3). En tout cas, c'est celle de ses fonctions qui a laissé

---

(1) Artiste renommé pour son habileté et surtout la variété de ses talents, son surnom de Beseleel, les compliments de ses amis, l'importance qu'il donne aux constructions de Charlemagne dans la *Vita Karoli*, le témoignage de la *Chronique de Fontenelle*, ont permis à la plupart de ses biographes d'affirmer que Louis le Pieux, après Charlemagne, lui avait confié la direction des travaux d'Aix-la-Chapelle (*Epitaphe* par Raban, *Poetae aevi Carol.*, II, 237; *Walahfrid Strabo (ibid)* II, 377; *Gesta abbatum Fontanell.*, éd. Löwenfeld, p. 50). Jaffé (*Bibl. rer. germ.*, IV, 471, 477, 490) lui refuse cette qualité sous prétexte que Beseleel, dans la Bible, n'est pas formellement désigné comme un architecte, et que certaines expressions de Vitruve lui échappent (Teulet, II, *lettre XXX*). Bacha le défend contre cette objection (*Étude sur Eginhard*, p. 29). Cette lettre montre très nettement, au contraire, qu'Einhard connaissait fort bien les principes de l'architecture. Il y parle avec beaucoup d'autorité de cet art, proposant au moine Vussin de résoudre des expressions obscures de Vitruve, comme un maître donne à son élève des « thèmes » difficiles pour s'exercer. Les constructions de Mülheim tranchent d'ailleurs la question : une de ses lettres même le montre s'occupant de détails pratiques comme la fabrication des briques (Teulet, II, *lettre XXXVIII*). Décorateur, il ne cédait à personne le soin de fabriquer une châsse digne de contenir les restes des martyrs (*Tr.*, I, c. 16). L'art du peintre ne devait pas non plus lui être étranger, puisque Ratger, troisième abbé de Fulda, envoyait le peintre Brun étudier auprès de lui (*Catalogus abb. Fuldensium, Mon. Germ., Script.*, XIII, p. 272). S'il montre Gerward, bibliothécaire du palais, chargé de s'occuper des constructions impériales d'Aix en 828 (*Tr.*, IV, c. 67), et si l'on en conclut que lui-même avait été relevé de ce soin, cela prouve simplement que sa mission de directeur des travaux du palais avait pris fin avant 828, et non pas en 830.

(2) Jaffé (*Bibl. rer. germ.*, IV, 494); Sickel *(Acta reg. et imp. Karol.*, II, p. 131, après le diplôme 157 de Louis : 2 septembre 820 : *Acta deperdita Wizenburgensis*).

(3) Bien qu'il ait servi de secrétaire aux empereurs, rien ne prouve qu'il ait porté le titre de notaire impérial. On a déjà vu que le témoignage de la *Chronique de Lorsch* est suspect, et la mention des *Annales regni Francorum* (éd. Kurze, p. 121), n'indique nullement que ce fut en cette qualité qu'il fut chargé de faire connaître au pape le testament de Charlemagne.

les traces les plus précises, ses lettres, qu'on peut dater, tout au moins approximativement. Or, la date de ces lettres prouve qu'après 830, au moment même des troubles civils, et jusqu'à la veille de sa mort, il continuait à écrire des lettres pour le service de l'empereur. On a même plus de traces de son activité épistolaire officielle après 830 qu'avant : *quatre* lettres sur *six* appartiennent aux dix dernières années du règne de Louis le Pieux.

En 828-829, il écrit au directeur de l'École palatine, prêtre de l'église de Metz, au sujet d'une mission que celui-ci devait remplir (1). Vers 830, il écrit aux habitants de Mérida, au moment de la guerre avec les Arabes (2). Il continue son rôle de secrétaire au plus fort de la lutte entre Louis le Pieux et ses fils. En 832, il apparaît comme chargé des rapports avec les comtes auxquels il écrit, au nom de l'empereur, sous une forme officielle et impérative (3). « Au nom de l'empereur auguste par la volonté de la divine Providence », il somme un comte de se trouver prochainement à Heilbronn sur le Neckar, et d'obéir, comme le lui imposait son serment de fidélité, aux ordres du missus chargé de maintenir dans le devoir les comtes disposés à soutenir Louis le Germanique. Il ne s'agissait que de prévenir la révolte. Lorsque la guerre civile recommença de nouveau et que Louis le Pieux fut obligé de se diriger en toute hâte vers Orléans (4), pour faire face au soulèvement de Peppin, c'est encore Einhard qui fut chargé de transmettre certains ordres aux fidèles d'Austrasie (5).

Il écrivit à deux fidèles pour leur ordonner de se diri-

---

(1) Teulet, II, *lettre III*, écrite en 828-29 d'après Hampe (*Mon. Germ., Ep.*, III, 111).

(2) Teulet, II, *lettre XXXIX*, en 828-829 d'après Jaffé (*op. cit.*, IV, 443), en 830, d'après Hampe, parce que la lettre appartient à un groupe de 830, et qu'elle ne porte pas le nom de Lothaire, qui disparaît d'août 829 à mai 830 (*Mon. Germ., Ep.*, III, 115). Tandis que Simson la reculerait volontiers jusqu'en 831-833, Kurze (p. 50) se refuse à la placer après 830, pour la seule raison qu'Einhard n'avait plus de fonctions officielles à cette date : c'est précisément ce qu'il s'agit de démontrer.

(3) Teulet, II, *lettre XIX*, écrite en avril 832, d'après Hampe (*Mon. Germ., Ep.*, III, 120); en 838, d'après Dümmler (*Geschichte des Ostfr. Reiches*, 2ᵉ éd.,) I, 127, n. 3.

(4) *Vita Hludovici*, dans *Mon. Germ., Script.*, II, p. 635.

(5) Teulet, II, *lettres XX* et *XXI* (fin de 832, sept. ou nov.).

ger, l'un vers Orléans, l'autre vers Tours, pour y rejoindre l'empereur ou l'impératrice, à la première réquisition du comte Robert ou du missus H. Plus tard, au moment de la dernière révolte de Louis le Germanique, il convoqua encore une réunion des comtes de l'Austrasie (1). Par une lettre officielle, il prévenait le nommé N. que l'empereur avait fait mander, par le veneur Dagolf au comte N., de convoquer les comtes Hatton, Poppon, et Gebehard, et il ordonnait à N., non-seulement d'assister à cette réunion, mais encore de choisir le lieu du rendez-vous. Sa correspondance officielle, celle de ses fonctions qu'on connaît le mieux, ne montre donc aucune interruption en 830.

Que faut-il entendre alors par retraite? Faut-il entendre par là qu'il s'est définitivement retiré des affaires politiques au début des guerres civiles? L'attitude de spectateur lointain et lassé qu'on lui prête volontiers à partir de 830 ne semble pas très exacte. Il joua son rôle dans la révolution de 830 et les évènements qui suivirent, rôle prudent et peu glorieux, il est vrai, mais utile.

La *Translation* constate tout d'abord son intervention dans les intrigues qui précédèrent la révolution de 830.

Tout, dans sa vie antérieure, le désignait pour cette intervention (2), mais il n'est pas facile d'en déterminer le but

---

(1) TEULET, II, *lettre LXIII*. Cette lettre, datée par TEULET de 832, est placée en 839 par HAMPE et par SIMSON, (*Ludwig. d. Fr.*, II, 213, n. 4) qui renvoie à JAFFÉ, (*Bibl. rer. germ.*, IV, 460), à DÜMMLER, *Geschichte des Ostfr. Reiches*, I, 133, n. 4, et à SICKEL, *Acta regum et imp. Karolinorum*, II, 355.

(2) Si rien ne permet de dire qu'il accompagna Charlemagne en 800 à Rome, comme le fait KURZE (p. 25), cependant, en 805, il figure parmi les grands auxquels furent remis en garde les otages Saxons (*Mon. Germ.*, *Leges*, VI, p. 234). En 806, il prit part aux débats relatifs au partage de l'empire, et c'est lui qui fut chargé d'aller porter à Rome le testament de Charlemagne. En 813, il usa de son influence pour décider Charlemagne à associer à l'empire son fils Louis, roi d'Aquitaine, si l'on en croit Ermoldus Nigellus (*Poetae aevi Carol.*, II, p. 25), qui, exilé d'Aquitaine, écrivait en 826 pour essayer d'obtenir sa grâce. Enfin, lors du partage de 817, l'éducation du jeune empereur Lothaire lui avait été confiée, d'après son propre témoignage (TEULET, II, *lettre XXXIV*).

et le sens, même à l'aide des lettres qui complètent la *Translation* : Einhard semble avoir toujours considéré l'expression d'une opinion franche comme une imprudence inutile et dangereuse.

En sa qualité de familier de la cour et de bénéficier de plusieurs abbayes, il pouvait agir dans les conseils d'automne et d'hiver, où l'on préparait les assemblées générales d'été. On sait, par la *Translation*, qu'il assista aux conseils pendant les hivers 827-828, 828-829, 829-830. Une de ses lettres indique un vif désir d'assister à l'assemblée de Nimègue en octobre 830 et sa présence y est probable (1).

Mais si rien, dans la *Translation*, ne nous permet de deviner quelle part il prit aux importantes mesures de l'année 827-828, deux passages nous font entrevoir le rôle qu'il joua dans l'assemblée de novembre 828, où l'on s'occupa des « affaires urgentes du royaume » (2), c'est-à-dire, très probablement, du nouveau partage et où les grands, hostiles à une seconde division de l'empire, durent tenter un dernier effort, pour soustraire Louis le Pieux à l'influence de la reine et de ses amis.

Einhard fit parvenir à Louis des avertissements (3), sous la forme d'une intervention miraculeuse de l'archange Gabriel et des saints de Seligenstadt (4). Pendant qu'il était au palais, deux messages lui furent envoyés de Mülheim, dans les derniers jours de décembre 828. Le premier contenait les révélations d'un aveugle, Aubri, et

---

(1) Kurze l'admet (p. 59), et admettrait même volontiers, d'ailleurs sans preuves, sa présence aux assemblées générales de Thionville, en 831 (p. 70), d'Aix en 837 (p. 86).

(2) *Annales regni Francorum*, éd. Kurze, p. 176.

(3) *Tr.*, III, c. 47 à 48, c. 48 à 51.

(4) La tradition, désormais, au monastère de Seligenstadt, considéra l'archange Gabriel comme un protecteur spécialement intéressé à la prospérité des moines ; plus tard, une statue fut élevée à l'entrée de l'église et un ange d'or, sur la tour qui dominait l'église, représenta l'archange Gabriel (Weinckens, *Eginhartus illustratus et vindicatus*, Francfort, 1714, p. 58).

il est facile de voir qu'Einhard lui attribuait une grande importance (1). Aubri, mendiant aquitain, n'était pas un aveugle ordinaire ; il était non seulement aveugle, mais « privé des organes de la vue » ; il avait le don de prophétie. Ce ne fut pas un simple serviteur qui apporta le message à Einhard, ce fut Ratleik, son notaire et son confident. Et la vision n'était pas banale : l'archange Gabriel était apparu à Aubri sous la figure de saint Marcellin, c'est-à-dire d'un vieillard à l'aspect vénérable, aux cheveux blancs, vêtu d'une longue robe, une baguette d'or à la main, et, interprète de la volonté divine, il avait exigé la communication immédiate de ses paroles à l'empereur.

L'autre message contenait les menaces d'un démon, Wiggon, qui s'était décidé à parler par la bouche d'une possédée, exorcisée à Mülheim et si Einhard ne dit pas en propres termes, comme pour le mémoire d'Aubri, qu'il le fit parvenir à Louis le Pieux, il dut cependant le lui faire connaître (2).

---

(1) Pour se compromettre le moins possible, il explique assez gauchement qu'il rapporte le fait surtout à cause de la particularité surprenante et miraculeuse des cierges qui s'allumèrent tout seuls. L'explication est d'autant plus naïve qu'il ne faut pas chercher bien loin, dans la *Translation* même, d'autres exemples de cierges miraculeux qui ne suscitent pas en lui une admiration inusitée.

(2) L'intervention miraculeuse des saints dans la politique, grâce aux visions, n'était pas rare à cette époque. A Mayence, une tradition rapportait qu'un songe effrayant avait fait prévoir à Charlemagne de grands malheurs pour l'avenir. Il en avait demandé le sens, disait-on, à Einhard, « sage entre tous », qui d'ailleurs s'était dérobé. Einhard avait rapporté le fait à Raban, alors moine, qui lui-même l'avait raconté à plusieurs personnes de son entourage, en particulier au moine de Mayence qui raconta l'histoire au ixe siècle. (JAFFÉ, *Bibl. rer. germ.*, IV, 701 : *Visio Karoli Magni*). La *Visio Wettini* (*Mon. Germ., Poetae lat. aevi Carol.*, II, 267-275 ; 301-333), frappa aussi l'imagination des contemporains. Ces visions en général avaient une portée pratique : la vision du moine de Reims, Raduin, qui eut lieu « au moment où Louis était tourmenté par ses enfants », avait pour but de déléguer les pleins pouvoirs divins au représentant de saint Remi, seul maître de désigner un empereur. (*Visio Raduini*, éd. Holder Egger, *Neues Archiv*, XI, 262). Une vision miraculeuse d'un prêtre anglais fournit au roi d'Angleterre un prétexte pour envoyer des ambassadeurs à Louis le Pieux, en 839. (*Annales Bertiniani*, éd. Waitz, p. 18-19). Enfin, les saints étaient fort utiles en cas de révolte : quand Charles, fils de Louis le Germanique, se

Malheureusement, si l'on a le texte du second message, on n'a pas celui du premier ; Einhard a jugé inutile d'en indiquer même le sens dans la *Translation*, ce qui est d'autant plus regrettable que ces *capitula* d'origine miraculeuse, corrigés et transcrits par lui, devaient être très précis. Il semble pourtant en avoir consigné le texte quelque part. Il dit expressément que s'il ne convient pas de citer dans la *Translation* les « articles », au nombre d'une douzaine, qu'il présenta à l'empereur, c'est « ailleurs » qu'il faudra le faire. Cet « ailleurs » est inconnu ou perdu, et, pour interpréter le sens de ce mémoire, on n'a que le texte volontairement incomplet de la *Translation* et un texte des *Annales de Fulda*, qui font une allusion précise aux révélations de l'ange Gabriel.

Quel était le but de cette intervention ? Etait-elle favorable à Louis le Pieux ou à Lothaire ? D'après la plupart de ses biographes, il était du parti de ce dernier. Négligé à la cour, il était de cœur avec les futurs conjurés de 830(1). Mis de côté par la reine Judith, il était sympathique à ses ennemis Wala, Hilduin, Hélisachar. On va même jusqu'à assurer, en s'appuyant sur la *Translation* (c. 27, c. 60 à 66)

---

révolta contre son père en 873, Louis fit répandre le bruit qu'il était possédé du démon et s'en débarrassa en l'envoyant se faire exorciser « aux lieux consacrés par les saints martyrs » (probablement Seligenstadt), puis à Rome : « ... Quem pater ejus episcopis et aliis fidelibus committens, per sacra loca SS. martyrum deduci praecepit, quatenus illorum meritis et orationibus a daemone liberatus, ad sanam mentem, Domino miserante, redire praevaleret. Deinde disposuit illum Romam dirigere sed, quibusdam intervenientibus causis, iter illud dimisit ». (*Annales Bertiniani*, éd. Waitz, p. 123.)

(1) Kurze (*Einhard*, p. 49, 51) : « Dadurch (la nomination de B. de Barcelone) waren die älten Rathgeber des Kaisers, sein Oheim Walah, der frühere Kanzler Helisachar, der Erzkapellan Hilduin und andere, beleidigt, und es ist anzunehmen, dass auch Einhard mit seinen Sympathieen mehr auf ihrer Seite als auf der der Kaiserin gestanden hat ». Kleinclausz (*L'Empire carolingien*, 1902, p. 308) le range aussi à la suite des partisans de l'unité tout en ajoutant que son respect pour Louis le Pieux l'empêchait de consentir à tout acte d'hostilité contre lui. Hampe (*Neues Archiv*, XXI, p. 621) croit aussi à son affection pour Lothaire, mais par raison sentimentale, pour ne pas être obligé de le mépriser à cause de sa lettre à Lothaire de mai 830 qui, si elle n'était pas sincère, dit-il, devrait être considérée « als Machwerke widerlicher politischer Heuchelei ».

que vers 827-828, il n'habitait plus le palais et demeurait dans un quartier éloigné de la ville où il menait une existence d'anachorète (1); il aurait donc essayé, par affection pour Lothaire, d'empêcher Louis le Pieux de suivre les suggestions de l'ambitieuse Judith. « Les saints, dit Kurze, se mêlent de haute politique », et Ebert fait de la vision d'Aubri un écho des rumeurs populaires : le peuple, d'après lui, avait déjà un pressentiment du danger qui le menaçait et qui provenait de la faiblesse du gouvernement.

Ces assertions ne se justifient guère, et ne permettent pas d'affirmer qu'en 828, Einhard était dans une situation difficile au palais, et dans un état d'esprit favorable aux ennemis de Louis le Pieux. Sa faveur à la cour semblait aussi assurée que jamais. Lorsque l'Église de Sens eut besoin d'appui au sujet de l'élection épiscopale, on lui écrivit en même temps qu'à Judith et à Hilduin (2). On s'adressait à lui pour obtenir des recommandations auprès de l'empereur (3). Judith, du propre aveu d'Einhard, avait tenu comme son mari à honorer saint Marcellin, lors de son séjour à Aix, et lui avait fait un riche présent. Quant aux amis qu'il aurait eus parmi les conjurés, c'est une simple hypothèse. On n'a aucune preuve qu'il ait eu des relations amicales avec Wala et Hélisachar, et on sait, par contre, qu'il avait fort peu de sympathie pour l'abbé de Saint-Médard depuis l'affaire des reliques.

Enfin, à la veille de 830, bien loin de vivre à l'écart, il apparaît toujours comme un familier de la cour (4), dont il avait les habitudes. Il dit en propres termes qu'il passait l'hiver dans le palais (5). Il ne pouvait différer le séjour annuel qu'il y faisait sans se faire rappeler à l'ordre, ce qu'il supportait avec une contrition très peu résignée (6).

---

(1) BACHA, op. cit. p. 44.
(2) Epistola Cleri Senonensis ad Einhardum, Appendice : lettre VI (TEULET, II. p. 173) vers 828-829.
(3) TEULET, II, lettre IX, adressée à Géboin en faveur de David, datée par HAMPE : avant 830 (Mon. Germ., Ep., III, 112).
(4) Tr., II, c. 22. Ego, secundum consuetudinem aulicorum maturius surgens.
(5) Tr., III, c. 44 : secundum consuetudinem, in palatio hiematurus.
(6) TEULET, II, lettre XIV.

Rien ne permet de croire qu'il avait abandonné la maison qu'il possédait au palais (1), et qui était assez spacieuse pour contenir un oratoire où les pélerins pouvaient venir prier, malgré la petitesse de la porte dont s'était égayé Alcuin (2).

Le seul sentiment pénible qu'on puisse retrouver en lui, d'après les textes, c'est l'ennui d'être mêlé aux intrigues qui préparaient la guerre civile ; aussi passait-il de tristes moments au palais, et regrettait-il Mülheim. Il trompait son ennui en écrivant à ses « frères » (3), et en leur envoyant un messager, Ellenhard, chargé de lui rapporter des nouvelles. Mais il n'y a pas traces de mauvais procédés qui l'auraient rejeté du côté de Lothaire.

Aussi, peut-être est-il nécessaire d'hésiter davantage en ce qui concerne le sens du message de l'ange Gabriel, sur lequel les renseignements restent très vagues. L'ange affirme, il est vrai, que Louis le Pieux devra prendre connaissance de ces avertissements et les mettre à exécution, dans son propre intérêt, sous peine d'encourir la colère de Dieu : *sunt quippe valde necessaria non solum ad cognoscendum, verum etiam ad faciendum principi.* Mais le seul fait certain qui ressorte de ce texte, c'est

---

(1) Quand il parle des deux termes extrêmes de ses voyages, il oppose Mülheim et Aix (*Tr.*, II, c. 3) : « ... ab Aquensi palatio... usque ad... Mülinheim » ; quand il revient à Aix, il revient « ad palatium » (II, c. 31). Les reliques sont dans son oratoire, mais son oratoire est dans le palais et c'est là que les miracles s'accomplissent « in Aquensi palatio » (III, c. 34 ; IV, c. 60-66.) Le prêtre Georges y insiste : c'est là qu'il a admiré « signa et prodigia in ipso regis palatio » (IV, c. 69). Les malades, pour aller prier les saints dans l'oratoire d'Einhard, se font indiquer le palais : « si sanus fieri vellet, ad Aquense palatium iret, oratorium nostrum inquireret » (IV, c. 66). Les reliques sont transportées *du palais* à Valenciennes (IV, c. 68) ; quand il emmène ses reliques pour retourner à Mülheim, il sort « ab Aquensi palatio » (II, c. 30) et en sort avec lui « illa turba quae nobiscum de palatio fuerat egressa (II, c. 31). Voy. aussi les *Annales Fuldenses*, 828 : « Reliquiae S. Marcellini... ad Aquis palatium delatae ».

(2) *Mon. Germ.*, *Poetae aevi Carol.*, I, 248.

(3) Peut-être pourrait-on placer ici la lettre aux moines de Seligenstadt ; Bacha (*op. cit.*, p. 48) la date de déc. 828 (Kurze, *op. cit.*, p. 89) de 839.

qu'en décembre 828, les auteurs du message désiraient peser sur la décision de l'empereur, qui avait un intérêt direct à suivre leurs conseils (1).

Ces conseils, si l'on en croit l'annaliste de Fulda, étaient d'ordre purement religieux. En 874, Méginhard, disciple et continuateur de Rudolf, rapporte dans les *Annales de Fulda* (2) une vision de Louis le Germanique. Comme il venait de passer quelque temps à Seligenstadt avant d'aller à Francfort s'occuper des affaires de l'Etat, il vit en songe son père, qui le supplia de le délivrer des tortures qu'il subissait parce qu'il avait permis l'hérésie des Nicolaïtes et qu'il n'avait pas observé à cet égard les avertissements de l'archange Gabriel, réunis en douze articles, qu'Einhard, abbé, lui avait fait parvenir pour qu'il les lût et les exécutât ; le récit finit par des réflexions religieuses sur les châtiments mérités non seulement par ceux qui commettent le péché, mais par ceux qui le laissent commettre.

D'après ce texte, le message d'Aubri se rapporterait donc à des réformes d'ordre purement ecclésiastique.

---

(1) Einhard, rappelant la prédiction d'Aubri, au moment de la révolution de 83o (Teulet, II, *lettre XLI*) dit, il est vrai, que les saints avaient prédit la plupart des troubles qu'il déplore. Mais on ne peut conclure par là que le message portait sur des questions politiques. Einhard veut dire simplement que la guerre civile est une punition du ciel, à cause de la non-exécution des ordres contenus dans le message, dont le sens reste tout aussi obscur qu'auparavant.

(2) *Annales Fuldenses*, éd. Kurze, p. 82 : « vidit quadam nocte in somnis genitorem suum Hludowicum imperatorem in angustiis constitutum qui eum hoc modo latino affatus est eloquio : « adjuro te per dominum nostrum Jesum Christum et per trinam majestatem ut me eripias ab his tormentis in quibus detineor, ut tandem aliquando vitam possim habere aeternam. » Hac ergo visione perterritus, epistolas per cuncta regni sui monasteria destinavit, obnixe postulans ut animae in tormentis positae, suis apud Deum precibus intervenirent. Unde datur intelligi quod, quamvis memoratus imperator multa laudabilia et Deo placita fecisset, plurima tamen legi Dei contraria in regno suo fieri permisit. Si enim, ut cetera omittam, haeresi Nicolaitarum firmiter et viriliter restitisset, et monita Gabrielis archangeli, quae Einhardus [abbas], duodecim capitulis comprehensa ei obtulit legenda et facienda observare curasset, forsitan talia non pateretur. »

Etant données les relations qui existaient entre Einhard et les moines de Fulda et la précision avec laquelle les détails essentiels du récit d'Einhard sont reproduits, il ne serait pas invraisemblable d'admettre que le chroniqueur de Fulda a eu connaissance du mémoire d'Einhard et que ce mémoire portait sur la nécessité de corriger des mœurs ecclésiastiques qu'on commençait depuis longtemps à considérer comme contraires aux lois de l'Eglise. Aux alentours de 828-829, il est certain que cette réforme était désirée par les évêques et les abbés; elle était réclamée avec âpreté par les adversaires politiques de Louis le Pieux qui s'efforçaient de le déconsidérer en lui reprochant sa négligence, et sa complicité avec ceux qui profitaient des abus. Au moment même où Agobard attaquait Louis le Pieux sur une question religieuse, la question des Juifs, Wala, si l'on en croit son biographe Paschase Radbert(1), l'accablait d'accusations véhémentes, lui reprochait de tolérer les abus ecclésiastiques par faiblesse et par intérêt. Ces réclamations ne furent pas stériles. Parmi les réformes des conciles de 829(2), dont la réunion fut décidée dans le conseil d'hiver de 828-829, au moment même où le mémoire fut présenté à l'empereur, plusieurs articles se rapportent à la réforme des mœurs ecclésiastiques (3), analogues aux prescriptions antérieures de Charlemagne et de Louis le Pieux lui-même (4).

---

(1) *Epitaphium Arsenii (vita Walae)*, éd. Dümmler, p. 61.
(2) Mayence, Paris, Lyon, Toulouse.
(3) Depuis les conciles du ive siècle, le mariage commençait à être considéré comme incompatible avec les offices religieux, même s'il avait été célébré avant l'ordination. Chaque concile rappelle les prescriptions à cet égard. Avant la fin du ixe siècle, le mariage des prêtres n'était pas considéré à proprement parler comme une hérésie, mais comme une habitude contraire aux canons religieux. Les conciles, sous Charlemagne et Louis le Pieux, prodiguent les menaces aux prêtres mariés, légalement ou non, avec une insistance qui prouve la fréquence et la persistance de l'abus. L'église de Milan seule, s'appuyant sur l'exemple de son patron, saint Ambroise, résista jusqu'au xie siècle.
(4) *Concile de Paris*, liv. Ier, c. 29, c. 42, c. 44, c. 45 (Mansi, XIV, 529); le IIIe livre reprend ces articles en y insistant : *Episcoporum relatio ad Hludowicum imperatorem*, c. 9.
Au concile de Mayence, dont les actes sont perdus, assistaient plu-

Si cette interprétation religieuse du document est exacte, on ne peut en conclure qu'Einhard, en se joignant à ceux qui réclamaient une réforme de l'Eglise, se rapprochait des futurs révoltés de 830. Au contraire, cette démarche prouverait son désir de maintenir la paix à tout prix, désir qui donne la clef de sa conduite contradictoire à cette époque. Partagé entre ses sentiments d'amitié pour Louis le Pieux, son ami et son protecteur, et ceux qu'il éprouvait pour Lothaire, son ancien pupille, il devait s'efforcer de prévenir une rupture entre le père et le fils. Affecté de voir Louis le Pieux s'exposer à de grands dangers par sa complaisance à l'égard de Judith, il aurait pu chercher, dans la mesure de ses moyens, à diminuer les prétextes de révolte, en faisant prendre à Louis l'initiative des réformes religieuses qu'on lui reprochait de négliger (1).

Cependant, celui des deux messages dont on connaît le texte semble fournir un argument à ceux qui considèrent Einhard comme favorable à Lothaire, et par sa teneur, et par ses rapports avec un texte politique émanant des adversaires de Louis le Pieux.

Le démon Wiggon, fort bien instruit de la situation de l'empire à cette date de décembre 828, y fait de fréquentes allusions. Au milieu de l'énumération des crimes, qui,

---

sieurs amis d'Einhard : Hetti de Trèves, Drogon de Metz, l'abbé Raban de Fulda ; si la mention des *Annales de Fulda* est exacte, ils purent soutenir les réformes qu'il désirait.

(1) Cependant, le texte des *Annales de Fulda* n'inspire pas toute confiance : 1º à cause de l'emploi du mot « nicolaïtes » qui surprend au ixe siècle. Les conciles et les capitulaires impériaux prodiguent les prescriptions relatives aux prêtres mariés au mépris des lois de l'Eglise, mais ni dans les conciles, ni dans les capitulaires on ne rencontre ce terme appliqué aux prêtres réfractaires à la discipline ecclésiastique sur ce point. Au xie siècle seulement, au moment de l'œuvre des papes réformateurs et en particulier de Grégoire VII, pour soulever l'indignation populaire contre les prêtres hostiles au célibat, on les flétrit du nom de « nicolaïtes » qui désignait des hérétiques dépravés du 1er siècle de l'Eglise ; 2º le ton d'admonition du passage est peu conforme au ton général des *Annales*; le narrateur a très bien pu broder sur le canevas que lui fournissait la *Translation* d'Einhard pour activer, à l'époque où il écrivait, des mesures contre ceux qui furent plus tard appelés des nicolaïtes.

,d'après lui, étaient la cause du châtiment divin et des fléaux abattus sur le royaume des Francs, se glissent des critiques sur les iniquités multiples commises par ceux qui gouvernaient le royaume et sur les rivalités de famille telles que *le frère haïssait le frère, et que le père n'aimait pas son fils.*

Le fait est d'autant plus curieux que ce passage de la *Translation* se retrouve, quoique un peu déformé, dans la lettre des empereurs placée au début des *Actes du concile de Paris*, en 829, qui comprennent un ensemble de documents se rapportant aux réformes ecclésiastiques et à la situation politique (2). Si ce rapprochement montrait Einhard en conformité d'idées avec les membres du concile, on pourrait juger exactement de son opinion politique par la leur.

Or, cette lettre est une curieuse amplification et déformation d'une missive impériale du mois de décembre 828. Elle se présente sous deux formes : l'une, assez courte, (*A*) a le caractère d'une circulaire impériale ayant pour but de décider un jeûne universel, de convoquer des synodes et d'envoyer des *missi* dans les provinces, afin de préparer une expédition militaire contre les envahisseurs de l'empire. L'autre (*B*), beaucoup plus longue, n'est qu'une lamentation entrecoupée de citations religieuses où l'empereur, avec une humilité pleine de contrition, s'accuse de tous les maux qui désolent le

---

(1) *Mon. Germ. !Capitul. regum Franc.*, II, 3, *Hludovici et Hlotarii epistola generalis*, déc. 828).

Translation : III, c. 5o.	*Epistola generalis* (p. 4).
Cum sociis meis undecim, regnum Francorum vastavi. Frumentum et vinum, et *omnes alias fruges, quae ad usum hominum de terra nascuntur, juxta quod jussi eramus, enecando delevimus; pecora morbis interfecimus*, luem ac *pestilentiam* in ipsos homines inmissimus; omnes quoque adversitates et cuncta *mala*, quae jam diu pro meritis suis patiuntur, nobis facientibus, atque ingerentibus, eis acciderunt.	... cum videat tot annis multifariis flagellis iram illius in regno nobis ab eo commisso desaevire, videlicet *in· fame continua, in mortalitate animalium in pestilentia hominum, in sterilitate pene omnium frugum*, et, ut ita dixerim, diversissimis *morborum* cladibus atque ingentibus penuriis populum istius regni miserabiliter vexatum et afflictum atque omni abundantia rerum quodam modo exinanitum ?

royaume et l'Eglise : la famine, la peste, la mortalité des bestiaux, les ravages des Sarrasins. Il y flétrit lui-même avec une platitude pitoyable, la lâcheté avec laquelle il supporte la dépravation des tyrans qui essayent de déchirer la paix du peuple chrétien *et l'unité de l'empire*, son ingratitude envers Dieu, dont il a dilapidé les dons pour satisfaire ses penchants charnels. Il implore sa grâce, promettant de s'humilier, de changer de conduite, de punir les méchants que sa négligence coupable a trop longtemps tolérés. La première lettre, tout en débutant par une invocation à la miséricorde divine, a la netteté et la précision des lettres officielles, et marque la plénitude de l'autorité impériale par le rôle important donné aux *missi*, qui doivent faire une enquête sur les maux de l'empire, et par l'allusion faite à l'obéissance du peuple et au devoir qui lui incombe de faciliter la tâche des envoyés impériaux. La seconde lettre supprime tout le passage où l'empereur charge ses *missi*, de sa propre autorité, de faire une enquête sur les réformes à faire et se déclare prêt à les soutenir, si quelqu'un entravait leur tâche ; elle montre au contraire l'empereur prêt à une soumission servile vis-à-vis des délibérations épiscopales : elle donne par une abondance de détails précis une grande importance à la réunion des synodes. Ces différences ont frappé tous les commentateurs qui les ont attribuées à plusieurs causes (1). Comme la plus longue des deux lettres, qui déforme complètement le sens de l'autre, se trouve en tête des Actes du concile de Paris, la déformation s'explique très vraisemblablement par les circonstances. La forme la plus courte est la circulaire primitive, où l'empereur con-

---

(1) On ne peut admettre l'interprétation, de Binterim (*Deutsche Concilien*, II, 379-380) qui explique les deux versions par une différence de date ; dans les deux lettres, en effet, se trouve la même allusion, dans les mêmes termes, à une réunion générale de l'été précédent 828, et à un conseil d'hiver de 828. Boehmer-Mühlbacher (*Reg.*, n. 828) et Hefele (*Histoire des conciles*, trad. Delarc, V, 251), expliquent à leur tour les passages différents par la différence de destination. La plus courte des deux lettres aurait été adressée aux laïques, la plus longue aux évêques, sous prétexte que cette dernière développe le point de vue théologique. Krause a déjà montré (*Mon. Germ., Capitul.*, II, p. 2) que cela ne se peut, car, dans les deux cas, les lettres sont adressées « à tous les fidèles de la sainte Eglise de Dieu et aux nôtres »

voque les évêques en concile, déclare qu'il prendra connaissance de leurs délibérations, mais se préoccupe avant tout d'appuyer les réformes projetées par une sérieuse enquête dirigée par ses *missi*. La lettre reproduite en tête des Actes du concile est altérée par les évêques dans un double but : afin de donner la première place, dans l'œuvre d'enquête et de réforme, aux évêques et non aux *missi*; afin d'encourager les membres du concile à accentuer le caractère impérieux de leurs exigences, en leur montrant l'empereur dans une attitude humble, exagérée à dessein, et qui ne répondait probablement pas à la réalité (1).

Les membres du concile de Paris étaient, en effet, en majorité tout au moins, des adversaires de Louis le Pieux. Leur désir de soustraire l'empereur à l'influence de ses palatins et de faire triompher l'autorité épiscopale à la cour apparaît nettement dans leurs Actes. Dès la préface, ils prennent le ton de réformateurs religieux et de conseillers politiques. Soucieux encore de respecter l'autorité impériale, ils se réunissent, en conformité avec les ordres des empereurs, mais aussi pour *veiller au salut des peuples qui leur sont confiés, et pour examiner, selon leur devoir, en quoi les princes et le peuple, le clergé et les laïques ont abandonné la volonté de Dieu*. Déjà, dans le IIe livre, rédigé par Jonas d'Orléans, aux prescriptions religieuses touchant la prière et l'adoration des reliques des saints se joignaient des considérations sur les devoirs des rois et des accusations contre les officiers du palais qui manquaient à la charité. Le IIIe livre, qui se termine par la lettre des évêques aux empereurs, écrite en août, semble surtout avoir eu pour but de peser *in extremis* sur l'esprit de Louis le Pieux, avant qu'il prît les dernières décisions qui devaient être promulguées à l'assemblée de Worms. Si les évêques débutent par des louanges à l'égard

---

(1) Comme on le fera plus tard pour la pénitence publique de Saint Médard de Soissons en 833, où Louis le Pieux fut représenté par plusieurs des chroniques dans une attitude docile inexacte, afin d'atténuer la faute de ses adversaires. Voy. L. HALPHEN, *La pénitence publique de Louis le Pieux à Saint-Médard de Soissons* (Bibl. de la faculté des Lettres de l'Université de Paris, fasc. XVIII, 1904, p. 178).

des deux souverains, en ce qui concerne leur zèle envers l'église, ils expriment des réclamations hautaines qui ressemblent fort à des ordres. Sur le mode impératif, Louis le Pieux est sommé de défendre aux palatins et aux grands d'avoir des chapelains chez eux, ce qui leur permet de déserter l'église de l'évêque (1). Il est averti de ne pas agir à la légère toutes les fois qu'il faut installer des abbesses ou nommer les fonctionnaires de l'Etat (2). La recommandation est significative, si l'on songe qu'il s'agissait alors de choisir un nouveau chambrier et que Louis le Pieux allait désigner Bernard de Barcelone. La majorité hostile au parti de l'impératrice avait donc prévalu au concile de Paris.

Faut-il conclure qu'Einhard consentit volontiers à ce qu'on utilisât les révélations de ses saints dans la falsification de la missive impériale, destinée à effrayer les adversaires de l'unité de l'empire ? Il ne le semble pas. Quand bien même le rapprochement des deux passages prouverait une entente entre les membres du concile et lui, cette entente ne suffirait pas à le ranger parmi les amis des futurs rebelles. Abstraction faite des évêques dont on ne connaît guère que les noms, le concile devait se partager en deux camps adverses (3). Si quelques-uns des

---

(1) Mansi, *Concilia*, t. XIV, p. 601 : l. III, c. xix : « De presbyteris et capellis palatinis, contra canonicam auctoritatem et ecclesiasticam honestatem inconsulte habitis, vestram monemus sollertiam, ut a vestra potestate inhibeantur, quoniam propter hoc et honor ecclesiasticus vilior efficitur, et vestri proceres et palatini ministri in diebus solemnibus, sicut decet, vobiscum ad missarum celebrationes non procedunt ». Cf. *Episcoporum ad Hludowicum relatio*, c. 32, dans *Capitularia*, éd. Boretius et Krause II, 39.

(2) L. III, c. xxiii « ... Sed et hoc obsecramus, ut in eligendis adjutoribus vestris, et reipublicae ministris, qui vice vestra populum Dei regere et gubernare atque judicare debent, sollertissimam providentiam habeatis, semper illud attendentes, quod in libro Exodi ad Mosem dicitur (*Exode*, 18, *Deutéronome*, 16) ».

(3) On sait exactement le nom des évêques qui assistèrent au concile de Paris parce que l'évêque Inchadus profita de leur présence dans sa ville épiscopale pour leur faire signer un règlement sur le partage des biens de l'église de Paris entre l'évêque et le chapitre. Voy. R. de Las-

plus fougueux ennemis de Louis le Pieux y figurent, en particulier Ebbon de Reims, qui fut solennellement déposé en 835 comme un des chefs de la rébellion épiscopale, Jessé d'Amiens et Héribald d'Auxerre, qui assistèrent à la déposition de Louis en 833 et suivirent Lothaire en Italie en 834, ainsi qu'Hélias de Troyes, qui mourut en exil, on constate aussi la présence de Landramnus de Tours, Jonas d'Orléans, Aldric de Sens, ancien *praeceptor palatii* nommé par Louis le Pieux, Wiladus de Coutances, Godefridus de Senlis, Ragnoard de Rouen qui le rétablirent solennellement au concile de Thionville en 835. Ces influences adverses se trahissent dans les actes du concile par un fait curieux. Si les évêques y montrent leur désir impérieux de présider à des réformes nécessaires et leur hostilité à l'égard de certains palatins, ils ne se posent nullement en rebelles, et semblent même redouter la guerre civile. Dans un passage qui se rapporte très évidemment au partage prémédité et aux conséquences à prévoir, ils adjurent Louis le Pieux d'élever ses enfants dans la crainte de Dieu, de leur recommander de s'aimer comme des frères, de montrer de la déférence pour les exhortations de leur père et de s'abstenir de toute injus-

---

Teyrie, *Cartulaire général de Paris*, 1887, p. 49. C'étaient, dans l'ordre des signatures, d'abord les quatre archevêques avec l'évêque de Paris Inchadus. (Duchesne, *Fastes épiscopaux de l'ancienne Gaule*, 1900, II, 470), Ebbon de Reims (U. Chevalier, *Bio-bibliographie*, I, p. 129), Aldric de Sens (Duch., II, 417), Ragnoard de Rouen (D., II, 269) et Landramnus de Tours (D., II, 307), puis Amatheus de..?.., Halitgarius de Cambrai (*Bio-bibliog.*, 2022), Franco du Mans (D., II, 333), Bernoinus de Chartres (D., II, 425), Heirboldus (Héribald) d'Auxerre (D., II, 446), Jonas d'Orléans (D., II, 459), Jessé d'Amiens (*Bio-bibl.*, 2570), Rantgarius de Noyon (*G. Chr.*, IX, 987), Rothadus de Soissons (*G. Chr.*, IX, 340), Adelelmus de Châlons (*G. Chr.*, IX, 866), Hildemannus de Beauvais (*Bio-bibl.*, 2155), Godefridus de Senlis (*G. Chr.*, X, 1385), Freculphus de Lisieux (Duchesne, II, 236) Wiladus de Coutances (D., II, 239), Theodeschus de...?.., Hélias de Troyes (D., II, 453), Hugbertus (Hucbertus) de Meaux (D., II, 474). — Rantgarius de Vannes (D., II, 374), Bernoinus de Laon (*G. Chr.* IX, 513) et Jonas de Nevers (D., II, 480) durent aussi assister au concile. Quatre signataires du règlement, Amatheus, Theodeschus, Fulcharius et Herbertus, ne figurent pas sur les listes épiscopales des villes dont les évêques auraient pu être présents. Quelques-uns d'entre eux s'abstinrent ; d'autres furent probablement empêchés ; enfin certains sièges pouvaient être vacants.

tice (1). Il ne peut s'agir ici du petit Charles, né en 823, alors âgé de six ans, mais des fils rebelles prêts à se révolter au cas où les décisions de l'assemblée de Worms ne leur conviendraient pas. Une partie des évêques du concile de Paris semble donc avoir appartenu à un tiers parti, hostile, par amour de la paix, aux palatins dont l'ambition était une source de discordes, mais peu désireux d'obtenir, par la guerre civile, des réformes qu'on pouvait encore espérer de l'initiative de l'empereur.

Les opinions d'Einhard devaient se rapprocher de celles de ce tiers parti. Lui aussi était l'adversaire des fauteurs de troubles (qu'ils appartinssent au parti de Lothaire comme à celui de l'impératrice), et par conséquent, de Bernard de Barcelone; dans ses *Annales de Fulda*, il attribue surtout la révolution de 830 à l'hostilité des grands contre le nouveau chambrier (2) et l'on pourrait croire dès lors qu'il autorisa les évêques du concile à se servir des révélations de Wiggon, sans le considérer comme un partisan de Lothaire. Là encore, il aurait utilisé l'intervention de ses saints pour prévenir la guerre civile en obtenant de Louis le Pieux la réforme du palais dont ses adversaires exploitaient le désordre contre lui. Cependant, il ne reste aucune trace de relations entre lui et les membres du concile. Les évêques falsificateurs de la missive impériale ont donc très bien pu, afin de donner plus de force aux soi-disant remords de Louis le Pieux, utiliser, sans consentement de sa part, certains passages de la révélation de Wiggon dont ils avaient dû entendre parler au palais l'hiver précédent, et qu'ils ont d'ailleurs transformée sensiblement. Tout semble donc porter à croire qu'Ein-

(1) Mansi, *Concilia*, t. XIV, p. 602 : l. III, c. xxv : « Nam et hoc humiliter obsecrando admonemus, ut liberos vestros, quos vobis divina pietas largiri voluit, in timore Dei jugiter diligenterque erudiatis, sicuti et facitis. Et, ut in mutuae dilectionis caritate et fraternitatis amore atque unanimitatis concordia vicissim consistant, sedula paternaque admonitione insistatis ».

(2) *Annales Fuldenses*, éd. Kurze, p. 26. « 830. Commotio contra imperatorem a primoribus Francorum in compendio exorta *propter Bernhardum*, quem in palatio esse noluerunt. Qué inde depulso atque fugato, in gratiam cum eo redierunt sed ad breve temporis spacium ». Selon l'éditeur, cette année 830 est inspirée des *Annales Bertiniani*.

hard se tint à l'écart des réformateurs agressifs de 829, même de ceux qui avaient les mêmes opinions que lui, et qu'il sut se ménager, par l'absence, la faculté de se poser en médiateur plus actif à la fin de 829.

Cette absence seule pouvait lui permettre de conserver sa neutralité et son attitude conciliatrice. Malade en 829 (1), il n'assista probablement pas à l'assemblée de Worms et put ainsi se tenir à l'écart des graves questions qui y furent soulevées. Mais, dès la fin de 829, il passait l'hiver au palais comme de coutume (2) et reprenait son rôle de secrétaire auprès de Louis le Pieux (3). Bien plus, il usait de son influence personnelle auprès de Lothaire pour essayer de prévenir son expédition rebelle (4). La lettre qu'il lui écrivit tout au début de 830, au moment où la révolte n'avait pas encore éclaté, avait pour but de contre-

---

(1) D'après la lettre XLI, écrite en 830, où il parle de la maladie qui le retint au lit l'année passée (Kurze, p. 49).

(2) Cependant il dut s'absenter quelque temps du palais, puisque le 21 janvier 830, il souscrivait un diplôme au monastère de Blandigny (Jaffé, *Bibl. rer. germ.*, IV, p. 493, n. 7).

(3) Puisque la lettre aux habitants de Mérida date de cette époque.

(4) Teulet, II, *lettre XXXIV*. Hampe et Bacha placent cette lettre en 830, sans préciser le mois. Teulet (II, p. 55) la place dans l'été de 830, *après* la première révolte ; Kurze (p. 53), dans la deuxième moitié de mars. Elle a été certainement écrite plus tôt, *avant* la révolte, dès que les projets des rebelles furent soupçonnés, pour deux raisons :

1º Einhard veut empêcher Lothaire de céder aux mauvais conseils, il le conjure de ne pas désobéir à son père, de ne pas abandonner le pays dont il a le gouvernement et la garde. C'est donc qu'il est encore temps de recourir à l'influence des prières, des avertissements moraux et religieux, et d'empêcher Lothaire de quitter l'Italie. Comme Lothaire y était encore en mars 830 (Boehmer-Muelbacher, *Reg.*, I, nº 995, p. 380), la lettre a été écrite avant ce moment.

2º Logiquement, il faut reculer la lettre XXXIV aussi loin que possible, à cause de la vraisemblance morale. On a d'Einhard une lettre à un évêque du parti de Lothaire, au moment où celui-ci revint en France en mai 830 (*Lettre XLIII*). La lettre XXXIV est très digne ; la lettre XLIII est très plate. S'il y a moins d'un mois de distance entre les deux, il faut attribuer ce subit changement de ton à une duplicité ou à une faiblesse de caractère pénibles à constater ; s'il y a plusieurs mois d'intervalle, les changements survenus pendant ce temps donnent des circonstances atténuantes à la deuxième lettre.

balancer l'influence désastreuse de ses conseillers (1), en faisant appel à ses sentiments de tendresse filiale, à ses devoirs de sujet, à sa crainte de Dieu.

Mais s'il avait usé de son influence personnelle pour arrêter Lothaire sur le chemin de la rébellion, il n'avait aucune raison de soutenir ses adversaires, qui comme lui cherchaient la guerre civile, qu'Einhard avait en horreur. C'est ce qui explique sa conduite envers l'impératrice en 830. Pour ne pas se compromettre avec les partisans de Bernard de Barcelone, ce qui était son droit, il abandonna Judith et Louis le Pieux, ce qui était contraire à son devoir. Au moment où la révolte éclata, Judith était restée seule à Aix, d'où Bernard s'était enfui ; elle voulut aller rejoindre Louis à Compiègne, et s'efforça évidemment de grouper autour d'elle les fidèles de l'empereur afin qu'il ne se trouvât pas isolé dans l'assemblée des grands. Einhard reçut l'ordre de l'accompagner ; il était malade, retarda son départ, promit de la rejoindre à Compiègne. Qu'il fût malade ou non, c'était un moyen de gagner du temps ; sa correspondance, très active à ce moment, trahit un ardent désir de fuir les obligations dangereuses auxquelles un séjour à la cour l'exposait (2). La difficulté pour

---

(1) Du moment qu'Einhard attaque les conseillers de Lothaire, c'est qu'il n'est pas de leur parti ; on n'a aucune raison de supposer qu'il ait été *forcé* à écrire cette lettre, ou qu'il ne l'ait pas écrite de son propre mouvement, comme le disent HAMPE (*Neues Archiv*, XXI, 619) et KURZE, (p. 39).

Il est curieux de le voir corroborer le témoignage des chroniques qui montrent Lothaire comme un instrument entre les mains de ses conseillers. THÉGAN (*Mon. Germ., Script.*, II, p. 597), favorable à Louis, indulgent à Lothaire, attribue la révolte à Peppin, Hilduin, Jessé d'Amiens, Hugues, Matfrid. L'ASTRONOME (*Mon. Germ., Script.*, II, p. 632) rejette tout sur Peppin et excuse Lothaire ; Einhard dans ses *Annales de Fulda* évite de nommer Lothaire.

(2) TEULET, II, *lettre XL* à l'impératrice, datée de Valenciennes, en avril 830, d'après KURZE (*op. cit.*, 116), en mars ou avril 830 d'après HAMPE (*Mon. Germ., Epist.*, III).

Lettre XLI à l'un de ses amis pour obtenir son intercession.

Lettre *XLII* à l'empereur, écrites toutes deux de Saint-Bavon, vers le même temps.

lui était de se retirer sans avoir l'air de déserter. Sa lettre à Judith, datée de Valenciennes, trahit un extrême embarras ; il montre d'abord sa bonne volonté, en déclarant qu'il est parti d'Aix dans l'intention de la rejoindre. Après avoir exposé tous les maux qui l'accablent, douleurs de reins et de rate, après avoir protesté, un peu trop peut-être, qu'il ne s'agit pas d'une défaite et qu'il dit bien la vérité, il fait prévoir son rétablissement et commence par promettre de se rendre auprès de l'empereur et de l'impératrice, dès qu'il pourra monter à cheval, tout en ajoutant immédiatement qu'il n'y aurait rien de plus agréable à Dieu que de lui permettre de passer sa convalescence à Seligenstadt. La lettre a été certainement écrite à un moment où le succès de l'autre parti ne se dessinait pas encore, car il a une extrême crainte d'irriter Louis ; il prie Judith d'intercéder pour lui, dès qu'elle aura rejoint son mari ; il prodigue les assurances de son dévouement ; il affirme que, sans son extrême faiblesse, il serait venu en personne et aurait pris part avec Judith aux affaires qui l'occupent (1).

La lettre qu'il écrit à un de ses amis (2) contient les mêmes excuses, le même tableau lamentable des ravages de la maladie. L'importance de l'abstention d'Einhard s'y précise davantage : il avoue n'avoir pas été à la rencontre de l'empereur, comme les autres fidèles ; il supplie son ami d'apaiser le courroux de son maître, il renouvelle sa promesse de se rendre auprès de lui sitôt qu'il en aura la force, et ses protestations de fidélité, soit absent, soit présent. Et il n'annonce nullement son intention de se désintéresser des affaires : d'abord, parce qu'il promet de se rendre à la cour aussitôt qu'il le pourra, ensuite, parce qu'il demande à être renseigné. « Ecrivez-moi le plus promptement possible, écrit-il, pour me faire savoir ce qui s'est passé et ce qui se prépare auprès de vous ». Il est évident qu'il veut connaître la marche des événements afin d'agir en conséquence.

La lettre XLII est écrite sur un ton sensiblement différent. Elle est toujours adressée « à son puissant maître », ce qui semble indiquer qu'il écrit avant l'assemblée de

(1) En quel sens ? Il est trop prudent pour le préciser.
(2) Probablement Gébouin.

Compiègne de 830. Il rappelle encore ses maux, pour expliquer comment il n'a pu accompagner l'impératrice lors de son départ d'Aix, mais on ne trouve plus ni promesses de se rendre auprès de Louis, ni protestations de fidélité. Il le conjure seulement de l'autoriser à se consacrer au service des saints martyrs, parce qu'il lui sera plus utile, en priant pour lui, « s'il veut bien préférer le service des saints au sien propre ».

Après examen, il ne semble pas qu'on puisse considérer ces trois lettres comme la preuve d'une retraite complète : Einhard y réclame simplement le droit de ne pas prolonger son service au palais et de retourner pour l'été auprès de ses martyrs, comme d'habitude, et comme l'empereur lui avait permis de le faire avant les ordres de l'impératrice. L'intensité de ses supplications s'explique très suffisamment par la crainte d'être privé de son congé annuel et de se trouver compromis dans les troubles. Cette prétendue retraite, qui fut provisoire, n'était donc qu'un prétexte pour s'abstenir de démarches dangereuses. S'il était resté aux côtés de Louis le Pieux, il n'aurait pu prendre vis-à-vis de Lothaire l'attitude de neutralité docile dont il fait preuve dans les lettres XLIII (1) et XLV. Trop docile, à vrai dire. Moins d'un mois après ses protestations de fidélité à Judith et à Louis, après ses doléances sur sa cruelle maladie, changement à vue. Celui qu'il ambitionne de servir, c'est Lothaire ; celui dont il craint d'avoir perdu la faveur par des insinuations malveillantes, c'est Lothaire, dont il redoute les « sinistres soupçons ». Il n'est plus malade ; il n'est plus absorbé par le service de ses saints. Il prodigue les plus humbles protestations de dévouement non seulement à Lothaire, mais à ceux qui l'entourent. Il ne craint pas de célébrer le retour du jeune empereur par de « ferventes actions de grâce ». Il ne désire qu'une chose : assurer lui-même Lothaire de sa fidélité et il supplie l'évêque auquel il écrit de lui fixer le

---

(1) Teulet, II, lettre XLIII, écrite immédiatement après le retour d'Italie, c'est-à-dire vers le commencement de mai 830.

Les historiens, en général, jugent sévèrement cette lettre (Hampe, Neues Archiv, XXI, 620 ; Simson, Ludwig d. fr., I, 349). — Kurze (p. 58) est plus indulgent.

plus vite possible le moment et le lieu où il pourra le joindre.

Mais, une fois le premier péril écarté, il reprit assez vite son attitude de neutralité. La lettre XLV (1) montre à la fois sa joie d'avoir obtenu la permission d'aller servir les saints martyrs et le soin de ne négliger aucun des puissants du jour, surtout Lothaire. Il termine sa lettre en priant son ami de vouloir bien continuer à le protéger auprès de l'empereur, *son maître*, et de ses fils, surtout auprès du seigneur Lothaire, le jeune Auguste « dans l'affection duquel, insinue-t-il habilement, il a la plus grande confiance».

Cette commode neutralité, il eut grand soin, pendant quelque temps, de ne pas la compromettre. On s'adressait souvent à lui, en sa qualité d'ami personnel de l'empereur et de familier de la cour, pour lui demander des renseignements et des conseils. Mais il ne donnait ni conseils, ni renseignements : il se gardait évidemment avec un soin jaloux contre les efforts de l'un et l'autre parti pour utiliser son nom et son influence ; personne ne sut aussi bien que lui s'abstenir de communications dangereuses. « Nous « ne pouvons vous transmettre aucune indication, écrit-il « à un évêque (2) auquel il recommande son propre neveu, « Eburon ; la révolution qui vient de s'accomplir dans ce « royaume nous a troublés au point que nous ignorons « complètement ce que nous devons faire, si ce n'est, « suivant Josaphat, de tourner nos regards vers le Sei- « gneur. »

Il ne consent même pas à charger Eburon d'un message oral. Malgré l'intérêt qu'il lui portait, il ne lui reconnaissait

---

(1) TEULET, II, *lettre XLV*, écrite probablement au comte Géboin peu de temps après l'assemblée de Compiègne, à un moment où Louis le Pieux, sans être dans une situation aussi humiliante qu'en 833, était complètement sous la dépendance de ses fils. Cette lettre est placée par HAMPE en 830 (*Mon. Germ.*, *Epist.*, III, 119), et par KURZE (p. 57), à la fin de l'été 830, « parce qu'on sent que l'étoile de Lothaire commence à pâlir ».

(2) TEULET, II, *lettre XXIX*. Teulet la place en 830 ; HAMPE en 833 (*Neues Archiv*, XXI, p. 621) ; KURZE (p. 73) en 833 et la croit adressée à Folkwig de Worms, abbé de Weissenburg. Elle convient aussi bien à la situation en 830.

probablement pas les qualités qu'il exigeait des messagers de confiance et qu'il expose dans la lettre LVI (1). Il agit de même à l'égard d'Hetti de Trèves qui lui avait demandé des renseignements et des reliques : il s'empressa d'accorder les reliques et refusa les renseignements (2). « Quant à ce « que vous vouliez savoir de nous, dit-il, nous ne pouvons « vous donner à cet égard aucune indication certaine, car « il ne nous est revenu, je vous assure, presque rien de « ce côté. Nous sommes d'ailleurs peu curieux de nous « informer de choses dont la connaissance nous est complè- « tement inutile, et où nous ne trouvons que peu de « plaisir (3) ».

Cette neutralité prudente et équivoque n'avait pas pour cause, semble-t-il, la lassitude d'un vieillard désireux de s'ensevelir dans la retraite, ni les hésitations d'un esprit flottant entre divers partis, mais le désir d'un homme pusillanime de se tenir à l'écart, tant que la tourmente durerait. Einhard devait s'excuser à ses propres yeux par la persuasion que la cause impériale aussi bien que la sienne était intéressée à sa sécurité personnelle : il devait considérer comme le premier de ses devoirs de conserver ses bénéfices pour le salut futur des autres, quitte à renier d'abord ceux-ci dans leur intérêt. Compromis et publiquement considéré comme un partisan de Louis le Pieux, c'est-à-dire de Judith et de Bernard, son nom et son influence n'auraient pas suffi à assurer le triomphe de Louis; lui-même se serait exposé à des représailles de la part de Lothaire, sans utilité pour l'empereur, au détriment de ses propres

---

(1) TEULET, II, *lettre LVI*. Cette lettre marque l'existence de négociations secrètes entre Einhard et ses amis politiques, sans qu'il soit possible de la dater à cause du ton mystérieux d'Einhard qui a réussi à se faire entendre de son correspondant sans citer un nom, un fait, un détail significatif. Il en est de même de la lettre LVII, où il assure un révérend évêque, chargé du rôle d'arbitre dans une affaire très grave, mais imprécise, qu'il a fait tous ses efforts pour exécuter ce qu'il a supposé pouvoir lui être agréable.
(2) TEULET, II, *lettre X*.
(3) Ces lettres s'adaptent aussi bien aux circonstances de 830 qu'à celles de 833-834.

intérêts. Conserver cette souplesse docile, même aux dépens de sa dignité, c'était donc garder sa liberté d'action : c'est la plus favorable explication qu'on puisse trouver de sa conduite équivoque de mars à juin 830.

Cette explication semble confirmée par les faits. A moins qu'il n'ait vraiment cru que ses prières pouvaient remplacer ses services aux yeux de Louis le Pieux, il y a une promesse, prudente, il est vrai, dans la lettre XLII, où il assure l'empereur qu'il ne connaît pas d'autre lieu, dans le royaume, où il puisse lui être plus utile qu'à Mülheim. En effet, dans cette région de la France orientale, il pouvait réveiller les sympathies et s'efforcer d'animer le dévouement des fidèles de l'empereur. La lettre XLIV en est la preuve. Il y semble très anxieux de savoir, par l'ami auquel il s'adresse (1), ce qui se passe autour de lui, et il demande des renseignements qui l'intéressent au plus haut degré : à savoir si Lothaire devait rester avec son père ou retourner en Italie et à quel moment se tiendrait l'assemblée générale, *afin de voir s'il peut faire quelque chose d'utile.* Ces questions ne s'expliqueraient pas s'il n'avait eu l'intention de se rendre à cette assemblée et d'y réunir autour de l'empereur le plus de fidèles possible ; l'hypothèse se trouve justifiée par le fait que Louis le Pieux, à Nimègue, put reprendre le pouvoir, chaudement appuyé cette fois par ses partisans, rappeler sa femme, renvoyer Lothaire en Italie et châtier les partisans de son fils rebelle à l'assemblée de février 831.

Après le départ de Lothaire, l'attitude d'Einhard devint probablement plus nette ; il assista, très vraisemblable-

---

(1) TEULET, II, *lettre XLIV*. La lettre est adressée à E... le meilleur de ses amis, et écrite dans l'été de 830. HAMPE (*Neues Archiv*, XXI, p. 621) son grand regret, n'ose interpréter cette initiale comme celle d'Elisachar KURZE, qui la croit adressée à un personnage de l'entourage de Lothair (p. 58,) suppose qu'elle fut envoyée au destinataire de la lettre XLII ce qui ne semble guère possible, d'après HAMPE (*Neues Archiv*, XX p. 620), à cause de la différence de la suscription.

On peut ajouter que le ton est tout différent. Dans la première lettre, parle avec l'accent du respect le plus humble ; dans la seconde, avec un familiarité amicale. De plus, comme il écrit à un moment où Lothaire e au pouvoir, il ne peut s'engager à *faire quelque chose d'utile* qu pour Louis. La lettre est donc bien écrite en faveur de l'empereur.

ment, à l'assemblée de Nimègue de 830 (1), à l'assemblée de printemps de 831 (2) et, ce qui prouve sa fidélité à Louis le Pieux, on le retrouve faisant comme par le passé office de secrétaire et dans des circonstances qui s'adaptent fort bien aux événements de 832, au moment où la révolte de Louis le Germanique encouragea une seconde fois les conjurés de 830 à lever les armes contre l'empereur (3).

Il ne s'agissait encore que de prévenir la rébellion. Aussi, à cette époque, Einhard, plus courageux qu'en 830, continua à servir Louis le Pieux dans l'est de l'empire, pendant que celui-ci, après avoir essayé de tenir Louis le Germanique en respect, était obligé de se diriger en toute hâte vers Orléans pour faire face au soulèvement de Peppin. C'est lui qui fut chargé de convoquer à Orléans les fidèles d'Austrasie (4). Bien loin de se tenir à l'écart, il s'attendait à revoir l'empereur d'un moment à l'autre. Un missus trop zélé, chargé probablement de réquisitionner les hommes disponibles à un moment où Louis avait besoin de renforts contre Peppin, avait voulu faire payer aux « hommes » d'Einhard l'amende pour défaut de service militaire. Einhard, qui avait obtenu de l'empereur, avant son départ, la promesse que ses hommes (probablement dépendant de ses abbayes de Gand) resteraient dans leur pays pour protéger les côtes, invoqua cette promesse et réclama un délai jusqu'au moment du retour de Louis (5).

---

(1) Il dut cependant se faire prier, s'il est exact de placer à cette date la lettre XIV, où il se déclare incapable de venir immédiatement à Aix, faute de temps. KURZE place cette lettre en février 831 (p. 70); HAMPE, après 830 (*Neues Archiv*, XXI, 611, et *Mon. Germ., Epist.*, III, 135).

(2) Sur l'hypothèse, peu solide, qu'Einhard était partisan de Lothaire, KURZE (p. 71) suppose qu'il assista à l'assemblée générale d'Ingelheim, parce que « ses amis » profitèrent d'une amnistie, et à l'assemblée d'automne de 831, à Thionville.

(3) TEULET, II, *lettres XIX, XX, XXI*. Ces trois lettres gênent singulièrement les historiens qui considèrent Einhard comme un partisan des rebelles : aussi KURZE (p. 72) suppose que ces trois mandats impériaux ont été insérés dans le manuscrit des lettres d'Einhard parce qu'elles ont été adressées à des vassaux dans son entourage, et qu'elles ne sont pas de lui. De même, HAMPE (*Neues Archiv*, XXI, 607).

(4) TEULET, II, *lettres XX et XXI*.

(5) TEULET, II, *lettre XXII*, placée en 832 par KURZE (p. 72), et HAMPE (*Mon. Germ., Epist.*, III, 121).

Malheureusement, cette correspondance officielle est le seul témoignage qui permette d'assurer qu'Einhard, vers cette époque, continuait à faire profiter Louis le Pieux de son influence dans les pays d'Austrasie. En 833, il se terra de nouveau dans ses abbayes, s'efforça de se faire oublier, comme il avait fait en 830, et suivit probablement la même politique opportuniste. On ne trouve nulle trace de lui parmi ceux qui restèrent aux côtés de l'empereur jusqu'à la dernière minute; il ne fut pas de ceux qui aidèrent les fils rebelles à dégrader leur père : la préoccupation de conserver ses bénéfices fut encore la règle directrice de sa conduite, et, en attendant de pouvoir agir prudemment en faveur de son ancien maître, il se résigna, pendant la courte période où Lothaire fut tout-puissant, à plus d'une démarche pénible. Il eut soin de se rappeler à l'attention de Lothaire par des présents (1). Après le partage de 833, très embarrassé de savoir à qui il devait rendre hommage pour ses bénéfices, il s'empressa d'aller prêter le serment à Lothaire et ne le quitta que lorsqu'il en eut reçu l'autorisation, comme jadis lorsqu'il allait passer l'hiver auprès de Louis le Pieux. Dès qu'il sut que, d'après le nouveau partage de l'empire, son bénéfice de la France orientale dépendait de Louis le Germanique, il lui écrivit à la hâte une lettre des plus humbles (2). Il s'excusait de n'avoir pu,

---

(1) TEULET, II, *lettre LIV*, en 833, adressée à Lothaire (KURZE, p. 74). En effet, s'il s'était agi de Louis le Pieux, Einhard n'aurait pas jugé nécessaire d'expliquer à son prêtre et à son vidame que ces présents n'ont rien d'inusité et qu'ils sont une preuve de déférence toute naturelle.

(2) *Lettre LIII*, à Louis le Germanique, après juin 833, (TEULET, II, 95 HAMPE, *Ep.* III, 122); KURZE (p. 74); BACHA (*Etude sur Eginhard*, p. 60). Peut-être fut-il obligé à cette démarche à cause de l'assemblée de Compiègne de 833, où, d'après le témoignage de Thégan (*Mon. Germ.* II, 636), un grand nombre de nobles ayant été accusés de conserver leur amitié à l'empereur et de vouloir abandonner son fils, se purgèrent dans cette assemblée de l'accusation, les uns en protestant simplement de leur fidélité, les autres en prêtant le serment. Peut-être aussi s'agit-il de l'assemblée de Mayence de 833, et malgré la soumission forcée d'Einhard, peut-être peut-on le ranger parmi ceux qui, d'après Thégan, étaient avec Louis le Germanique et étaient aussi fidèles à son père que lui-même. C'est à ce moment-là d'ailleurs, qu'il réclamait de l'aide auprès de lui pour la construction de son église (*Lettre LI*, placée en 83 par HAMPE, *Ep.*, III, 126, vers 833-34 par KURZE, p. 71). Et il avait d

à cause de sa santé, assister à la prestation du serment ni se présenter avec les autres fidèles ; il demandait l'autorisation de conserver ses bénéfices, promettait de se rendre auprès de lui pour se recommander entre ses mains, dès qu'il aurait reçu le congé de Lothaire.

Mais, une fois sa sécurité assurée, Einhard, comme en 830, attendit le moment d'agir : « Les seules choses bien faites, disait-il, sont celles qui sont faites en temps convenable, d'après le précepte du roi Salomon : toutes choses ont leur temps (1) ». Il chercha à se rapprocher des partisans de Louis, renoua en 834 des relations avec un ami qui aurait été en état de le renseigner sur les affaires de la cour « si lui-même, ajoute-t-il prudemment, n'avait pas préféré éviter des impressions pénibles (2) ». Il réclama une entrevue pour savoir « comment il devait régler sa vie », c'est-à-dire probablement quelle conduite il devait tenir, à ce moment où Lothaire ne s'entendait plus avec ses frères, et où Louis le Germanique, encouragé par les partisans de Louis, commençait « à s'émouvoir pour son père ». Après avoir d'abord prétendu se soucier

---

passer l'hiver de 833 au palais, puisque dans la lettre XLVI, il parle à l'abbé Foulque de leur entrevue de l'an passé. On placerait plus vraisemblablement cette entrevue en 832, au moment où Foulque venait d'être fait chancelier, et la lettre XLVI en 833. En 833 encore, pour prouver qu'il était en faveur à la cour de Lothaire, Kurze (p. 75) et Hampe (*Neues Archiv*, XXI, 621) placent les lettres XXVI, XXVII, XXVIII, XXIX, LII, LIV, et affirment que les deux premières sont adressées à Wala. L'attribution de ces deux lettres, comme la date, est assez hasardeuse.

(1) Teulet, II, *lettre XVII*.
(2) Teulet, II, *lettre XLVII*, à un ami. Kurze (p. 77) la place au printemps de 834, parce que l'abbé Foulque, dont il parle, n'a été abbé de Saint-Wandrille qu'après le 16 mars 834, et la croirait volontiers adressée à Fridugis. Hampe la place à l'automne de 834 (*Neues Archiv*, XXI, 616). Mais tous deux attribuent ses plaintes sur son isolement au départ des partisans de Lothaire pour l'Italie. La lettre ne peut être adressée qu'à un partisan de Louis le Pieux : 1º parce qu'il dit avoir passé dans la solitude quelque temps, ce qui ne peut être qu'une allusion à sa retraite pendant la domination usurpée de Lothaire ; 2º parce qu'il n'y a dans la lettre aucune allusion à son amitié supposée pour Lothaire et ses partisans ; enfin, le ton sérieux qu'il prend indique qu'il ne s'agit pas d'un achat de plomb, dans la missive qu'il transmet à l'abbé Foulque, mais de choses plus graves.

fort peu des affaires de la cour, il avertit son ami qu'il envoie une lettre à l'abbé Foulque et le prie de veiller à ce qu'elle arrive à bon port et que la réponse lui soit retournée.

Or, quel était cet abbé Foulque ? Plusieurs Foulque se rencontrent alors dans les *Annales* (1) et ces différentes mentions semblent se rapporter à un même personnage (2) qui prit une part active aux luttes politiques entre Louis le Pieux et ses fils. Successeur d'Ansegise, abbé de Saint-Wandrille, à partir de 834 (3), et par conséquent en relations avec Einhard, qui avait autrefois possédé l'abbaye, Foulque succéda à Hilduin comme archichapelain de Louis le Pieux, et dut l'accompagner à Worms en 833 ; il est encore cité dans les diplômes le 4 avril et le 10 juin 833 (4). Il fut envoyé par Louis le Germanique, en 834, auprès de Lothaire pour négocier la délivrance de Louis le Pieux (5), tandis que Hugues, abbé de Saint-Quentin en Vermandois et de Lobbes, était envoyé auprès de Peppin d'Aquitaine par son frère Drogon de Metz (6). Serait-ce trop prêter

---

(1) Un Foulque, abbé de Saint-Wandrille, de Saint-Hilaire de Jumièges, de Saint-Remi ; un Foulque qui négocie avec Lothaire en 834 (ANONYME, *Vita Lud.*, *Mon. Germ.*, *Script.*, II, 637) ; un Foulque, archichapelain de Louis le Pieux (HINCMAR, *de ordine palatii*, c. XV, éd. PROU, p. 40-41). U. CHEVALIER (*Biobibliog.*, 2ᵉ éd., I, p. 1552). ne retient qu'un Foulque, abbé de Fontenelle, mort en 845.

(2) SIMSON (*Ludwig d. fr.*, II, 88) accepte l'identification de l'abbé de Saint-Wandrille avec le négociateur de 834 et du négociateur de 834 avec l'archichapelain de Louis ainsi que HAMPE (*Neues Archiv*, XXI, 615), bien que ce dernier s'étonne que Foulque, archichapelain depuis 832, soit désigné dans cette lettre comme vivant éloigné du palais. Il faut se rappeler que la lettre est écrite à un moment où Lothaire est tout-puissant, et où les partisans de Louis le Pieux comme Foulque et Einhard lui-même devaient vivre à l'écart.

(3) *Gesta abbatum Fontanellensium*, éd. Löwenfeld, p. 60.

(4) SICKEL, *Acta regum et imp. Karol.*, II, 313-316, p. 181. On s'étonne de le voir mentionné parmi ceux qui furent les premiers à abandonner Louis le Pieux (PFISTER, *Drogon, archevêque de Metz*, dans les *Mélanges Fabre*, 1902, p. 108). Il est vrai qu'il n'est pas expressément cité parmi ceux qui restèrent à ses côtés au Champ du Mensonge dans les *Annales de Saint-Bertin*.

(5) *Vita Ludovici*, c. 51 (*Mon. Germ.*, *Script.*, II, 637).

(6) Ce Foulque fut récompensé de ses services. En 835, au moment où l'archichapelain Foulque disparaît pour faire place à l'archichapelain Drogon de Metz (qui occupa ce poste avant le 8 juin 836), un Foulque « abbé vénérable » succède provisoirement à Ebbon dans l'administra-

à un simple rapprochement de noms, et à l'énergie, au dévouement d'Einhard, que de lui attribuer une part dans ces négociations favorables à son maître ? et de croire que, dans cette circonstance, il servit volontiers d'intermédiaire entre son ami et successeur à Saint-Wandrille, archichapelain de Louis le Pieux, et son seigneur Louis le Germanique, dont son notaire Ratleik devait plus tard être le chancelier ?

Si Einhard était resté dans une neutralité coupable en 834, au moment où tous les amis de Louis le Pieux s'étaient efforcés de le délivrer (1), le vieil empereur n'aurait pas tenu en 836, à faire le voyage de Seligenstadt, pour voir Einhard alors accablé par la mort de sa femme Imma (2) ; il n'aurait pas continué avec lui une correspondance intime, comme celle dont témoigne la lettre sur la comète en 837 (3). Einhard n'aurait pas conservé auprès de ses anciens amis l'influence dont ses lettres nous donnent encore l'exemple. On le retrouve assistant comme par le passé aux assemblées générales. En 838, il figure parmi les grands laïques et ecclésiastiques, qui, d'après les *Gesta Aldrici*, eurent à se prononcer, au palais d'Aix, la veille des calendes de mai (30 avril 838), sur le différend d'Aldric, évêque du Mans et de l'abbé de Saint-Calais, au sujet des droits de l'église-mère du Mans sur cette abbaye (4). Enfin, même à la veille de sa

---

tion de l'église de Reims ; Flodoard, *Historia Ecclesiae Remensis*, II, cap. 20, dans les *Mon. Germ., Script.*, XIII, p. 473 ; Simson, *Ludwig d. fr.*, II, 135, n. 6.

(1) Si les relations d'amitié peuvent fournir quelque indice, à défaut de preuve, on pourra remarquer que, parmi les évêques et les abbés du synode de Thionville, qui rétablit solennellement Louis le Pieux, figuraient des amis d'Einhard, Raban Maur et Hetti de Trèves.

(2) *Annales Fuldenses*, a. 836, éd. Kurze, p. 27.

(3) Teulet, II, *lettre LXI*.

(4) *Gesta Aldrici*, éd. Charles et Froger (Mamers, 1889) p. 148. Il est difficile de croire complètement les *Gesta Aldrici*. Sickel (II, 195), accepte comme authentique un diplôme du 23 avril 838, qui correspond à peu près à la date de l'assemblée indiquée par les *Gesta*. Quand même la falsification serait évidente, le faux prouverait peut-être mieux encore que l'acte vrai la présence d'Einhard à la cour cette année-là, car, en ce cas, le faussaire, pour mieux entourer son acte fabriqué de preuves accessoires, aurait dû avoir grand soin de choisir, parmi les arbitres

mort (1), il continua fidèlement son rôle de secrétaire aux heures difficiles, et au moment de la dernière révolte de Louis le Germanique, c'est encore lui qui somma les comtes de rester fidèles à leur devoir envers l'empereur (2). Et il put mourir avant Louis le Pieux avec le sentiment qu'il n'avait jamais sérieusement manqué à son devoir envers lui (3).

Ainsi, c'est la *Translation des saints Marcellin et Pierre* qui nous permet de deviner les sentiments religieux d'Einhard ; c'est elle qui nous renseigne en partie sur sa vie d'abbé laïque. C'est elle qui éclaire le plus nettement sa vie politique à l'époque des troubles civils, de 827 à 834. Si l'œuvre a une valeur littéraire médiocre, elle n'en est pas moins un document psychologique très intéressant. Elle ne change guère la physionomie traditionnelle, si souple, si variée, si vivante, de l'historien de Charlemagne, curieux de belles-lettres, artiste aux dons divers. Elle souligne certains traits de son caractère : son ardeur passionnée et candide, sa nervosité irritable, l'extrême intensité de ses sensations, dont l'émotion vibre encore après onze siècles, à travers le latin un peu défraîchi du Moyen-âge. Elle complète sa personnalité

---

du prétendu jugement, les personnages qui assistaient cette année-là à l'assemblée générale.

(1) Le 14 mars 840. (Wattenbach, *Deutschlands Geschichtsq.*, 2ᵉ éd., 1893, 183 (*Mon. Germ., Script.*, V, 174 ; Longnon, *Obituaires de la province de Sens*, 1903, p. xvii, xviii, 315).

(2) Teulet, II, lettre LXIII, placée en 839 par Hampe (*Neues Archiv*, XXI, 627) ; ainsi que par Dümmler (*G. des Ostfr. Reiches*, 2ᵉ éd., I, 133, n. 4)

(3) La lettre LXIV placée par Bacha en 828 (*op. cit.*, p. 51) entre 834 et 840 par Hampe (*Mon. Germ., Epist.*, III, 136) ; en 839 par Kurz (p. 89), est une lettre qu'il écrivit à ses moines de Seligenstadt à un moment où il était éloigné d'eux. Comme c'est la dernière du manuscrit Kurze suppose qu'il l'écrivit à Blandigny, où il souscrivait un acte de précaire, le 7 septembre 839. On peut croire qu'il fit une dernière visite à ses monastères de Gand, à la veille de sa mort, mais les termes de la lettre prouvent qu'au moment où il l'écrivit il était auprès de l'empereur. Si on veut placer cette lettre en 839, il faut donc supposer qu'il avait quitté sa retraite de Seligenstadt pour venir, une dernière fois, assister Louis le Pieux dans sa lutte contre ses fils.

intellectuelle et morale : elle trahit chez lui une imagination riche et brillante, mais fantaisiste et assez peu scrupuleuse parfois ; elle montre, à propos de ses opinions religieuses, la valeur de son jugement, plus vif que précis. Elle met en relief, ce qui n'avait pas été assez remarqué jusqu'ici, l'intérêt qu'il portait aux questions théologiques, qu'il appréciait avec la modération d'un sage, également ennemi des scepticismes gênants et des extases indiscrètes. Enfin, elle modifie, et par ses données, et surtout par la lumière qu'elle jette sur ce qu'on sait par ailleurs de sa conduite de 827 à 834, l'opinion qu'on se faisait de sa vie politique, en dépit de quelques textes très significatifs. Certes, après cette étude, Einhard n'apparaît pas comme un héros. Il avait un sens pratique trop lucide pour s'abandonner aux dévouements aveugles ; une conception du *possible* trop nette pour se risquer dans des batailles perdues d'avance ; une philosophie trop complaisante pour ne pas masquer, à l'aide d'attitudes désenchantées, les faiblesses de sa conscience et les blessures de sa dignité. Mais son courage, un peu timide quand il se sentait seul, se raffermissait quand la tourmente commençait à s'apaiser et qu'il pouvait prévoir quelque chance de succès. Dans ces tristes luttes civiles, s'il n'eut pas l'énergie d'un homme supérieur, il eut l'habileté patiente d'un homme prudent. Il préféra sacrifier sa dignité à sa sécurité dans son propre intérêt, et aussi, peut-on croire, dans l'intérêt de celui qui avait été son maître et son ami. Il ne se résigna pas au sort lamentable que lui réservaient ses fils. Il ne fut pas de ceux, bien rares, il est vrai, qui combattirent pour Louis le Pieux à visage découvert : il se contenta, aux heures difficiles, d'agir de son mieux, en secret, mais sa fidélité, somme toute, ne se démentit jamais. Il serait excessif d'approuver entièrement l'attitude d'un homme qui n'osa jamais se compromettre, ni pour les hommes, ni pour les idées, mais il était équitable de rendre justice à ses efforts en faveur de Louis le Pieux, d'autant plus méritoires qu'ils durent coûter davantage à son esprit craintif et à son courage aisément effaré.

TABLE DES MATIÈRES

	Pages
Avant-propos	IX
Bibliographie	XI
Introduction	1

I

Manuscrits de la Translation, p. 2. — Etude comparée des textes où la translation des reliques des saints Marcellin et Pierre se trouve mentionnée à la suite de la translation des reliques de saint Sébastien à Soissons, par l'entremise d'Hilduin, abbé de Saint-Médard.. 3

II

Inauthenticité de la Passion des saints Marcellin et Pierre, dont le thème, étranger à la Translation, est fourni, non par les Itinéraires ou les Martyrologes antérieurs mais par des Actes inconnus d'Einhard et de ses contemporains................... 9

III

Date de la translation des reliques dans l'empire franc, p. 20. — Caractère et date de la composition de l'écrit................ 22

IV

Culte des reliques au début du IXe siècle, d'après la Translation, p. 31. — Caractère primitif et matériel de l'adoration des saints, p. 32. — Le commerce des reliques, p. 33. — Les violations des tombeaux des martyrs, p. 37. — Les querelles des abbés rivaux et le vol des cendres sacrées, p. 39. — Leurs pérégrinations, p. 43. — Adoration enthousiaste des fidèles ; causes de cette adoration : la ferveur religieuse et l'intérêt................ 49

V

Foi d'Einhard. — Sa dévotion sans réserves, p. 51. — Sa croyance aux miracles, aux démons, aux visions, contraire aux convictions d'une partie du clergé franc, mais conforme à celles de la grande majorité des évêques et des abbés, p. 52. — Sa conception du miracle et du culte des saints, p. 54. — Sa haine pour les incrédules et les sceptiques, p. 56. — Valeur de sa croyance : crédulité, ou insincérité? p. 59. — Sa démonstration de l'authenticité de ses miracles par des arguments rationnels : témoignages oculaires, témoignages indirects, preuves matérielles, relation des circonstances accessoires des miracles, p. 60. — Ebauche de sens critique... 63

VI

Einhard, abbé laïque, p. 64. — Ses abbayes, p. 65. — La date de ses abbatiats, p. 67. — Constructions de Seligenstadt : l'église et le monastère, p. 70. — Administration de ses abbayes de Gand, p. 76. — Sa conception de ses droits et de ses devoirs d'abbé.. 78

VII

Vie politique d'Einhard de 827 à 834. — Inexactitude de la tradition qui fixe en 830 sa retraite, p. 81. — Caractère imprécis de la plupart des renseignements sur ses fonctions officielles, p. 82. — Son rôle de secrétaire impérial de 829 à 839, p. 83. — Son rôle dans les troubles intérieurs de 827 à 834, p. 85. — Son intervention dans les intrigues qui précédèrent la révolte de 830 ; les messages de l'ange Gabriel et du démon Wiggon, p. 86. Sens de cette intervention, favorable, malgré l'apparence, à Louis le Pieux et non à Lothaire, p. 88. — Son inutile essai de médiation en 830, p. 100. — Sa neutralité équivoque en 830 ; sa défection à l'égard de Louis le Pieux dont il obtient, malgré les circonstances critiques, son congé annuel (à tort considéré comme sa retraite définitive), p. 101. — Son attitude docile à l'égard de Lothaire, p. 103. — Son attitude désabusée vis-à-vis des amis qui auraient pu le compromettre, p. 104. — Ses efforts prudents pour servir les intérêts de Louis le Pieux dans la France Orientale, p. 106. — Reprise de ses fonctions officielles auprès de l'empereur en 832, p. 107. — Sa politique opportuniste en 833, p. 108. — Son rôle probable dans les négociations entreprises par l'abbé Foulque de Saint-Wandrille et par Louis le Germanique pour délivrer Louis le Pieux en 834, p. 109. — Son rôle dans les dernières années du règne de Louis le Pieux. 111

Conclusion... 112

Le Mans. — Imprimerie Monnoyer, 12, place des Jacobins. — 1907.

www.ingramcontent.com/pod-product-compliance
Lightning Source LLC
Chambersburg PA
CBHW060203100426
42744CB00007B/1152